VORBEREITEN

- Die beiden Streifen für die Deckelrückseite rechts auf rechts zusammennähen, Nahtzugabe in eine Richtung streichen und nach Vorlage A-a zuschneiden.
- Vlies E auf die Rückseite des Köperstoffes für die Außentasche stecken und mittig mit einigen Streifen des doppelseitigen Klebebands zusammenkleben.
- Taschendeckel B durch Vlies G verstärken (auf die Rückseite bügeln).
- Futter C und die zusammengesetzte Deckelrückseite durch Vliese E verstärken (auf die Rückseite bügeln). Im Bereich des Magnetdruckknopfes (siehe Schnittteil A-a), einen zusätzlichen Vliesstreifen aufbügeln.
- Markierung für das Innenfach 6 cm parallel zur oberen Stoffkante und mittig auf der Stoffrückseite mit Hilfe des zugeschnittenen Innenfachteils aus Stoff D anzeichnen (siehe Inneneinrichtung, Punkt 2).
- Doppelseitige Klebestreifen auf die Rückseiten der Zierstreifen kleben.

SO WIRD'S GEMACHT

Taschendeckel

Positionen für die Zierstreifen passend zum Druckmuster, mit einem Mindestabstand von 4 cm zum seitlichen Rand, auswählen, mit Klebestreifen fixieren und knappkantig mit farblich passendem Nähgarn aufsteppen (siehe Foto 1).
Die Deckelrückseite mit Ziernähten in Kontrastfarben gestalten. Beide Deckelteile rechts auf rechts legen und an den drei Außenkanten mit doppelter Naht zusammennähen. Im Bereich der Rundung die Nahtzugabe etwas zurückschneiden und den Stoff wenden. Die Außenkante knappkantig absteppen. Den flacheren Teil der Druckknöpfe auf der Deckelrückseite anbringen (siehe Verschlüsse, Punkt 2). Die obere, offene Taschendeckelseite mit Zickzackstich zusammennähen.
Achtung: Beim Ausbügeln der Kanten nicht über die Zierbänder bügeln!

Außentasche

Den Köperstoff mit Vlies F mit Hilfe von parallelen Nähten quer zum Fadenlauf in unterschiedlichen Farben zusammennähen. **Tipp:** Mit Hilfe eines Falzrädchens und eines langen Lineals Linien zur Orientierung markieren.
Die folgenden Außennähte doppelt nähen. Den Stoffstreifen längs rechts auf rechts zur Hälfte zusammenlegen, die Seitennähte schließen und die Bodenecken 3 cm breit abnähen (siehe Foto 2).
Das Gurtband anbringen (siehe Tragevorrichtungen, Punkt 3, und Foto 3).

LIEBE NÄHBEGEISTERTE,

ich liebe Taschen und möchte Sie gerne mit dem „Taschenvirus" anstecken. Es ist einfach schön, zu vielen Gelegenheiten etwas Selbstgenähtes zu benutzen. Taschen werden für ganz unterschiedliche Anforderungen gebraucht, im Alltag und für besondere Anlässe. Auf dem Weg zur Arbeit soll ein Ordner transportiert werden, viel Platz wird beim Einkaufen benötigt. Fürs Theater soll die Tasche elegant sein, für den Wochenendausflug geräumig und fürs Baguette lang.

Mit meinem Buch möchte ich Sie einladen, selbst kreativ zu werden und nach dem Baukastenprinzip eine Tasche zu entwerfen. So entsteht eine persönliche Tasche, die Ihren Wünschen und Bedürfnissen entspricht. Der Stoff, das Trageband, die Inneneinrichtung und dekorative Extras fügen sich zum individuellen Werk zusammen.

Schön ist es auch, persönliche Erinnerungsstücke einzuarbeiten, zum Beispiel die Spitze der Großmutter an der Brauttasche oder ein besonderer Knopf auf einem Anstecker.

Viel Freude beim „Bauen" und Nähen wünscht

Siegrid Reinelt

MATERIAL

Welche Materialien eigenen sich für Taschen?

In Ihrer selbstgenähten Tasche steckt viel Mühe, und Sie sollen lange Freude daran haben. Darum empfehle ich, genau zu überlegen, für welchen Zweck die Tasche eingesetzt werden soll und welches Material das richtige ist. Es lohnt übrigens immer, hochwertige Materialien zu verarbeiten. Hier stelle ich einige Stoffe und Materialien vor, die im vorliegenden Buch verwendet werden.

Patchworkstoffe

Patchworkstoffe sind qualitativ hochwertige Baumwollstoffe, sie sind fester verwebt und langlebiger als „normale" Baumwollstoffe. Zu erkennen sind sie an der Stoffbreite von ca. 110–115 cm.

Baumwollköper oder Jeans

Durch die spezielle Köperwebart sind diese Stoffe robust und sehr gut für Taschen geeignet, es gibt sie in gröberen und feineren Qualitäten.

Baumwollwebstoffe und Cordstoffe

Webstoffe sind gröber und haben oft ein eingewebtes Muster, das eine besonders schöne Optik hat. Diese Stoffe sind auch als Möbelbezugsstoff im Handel zu kaufen. Sie sind besonders strapazierfähig und gut für Taschen geeignet. Auch feine und grobe Cordstoffe sind durch ihre Webart robust.

Leinen

Leinen hat spezielle Eigenschaften, die bei der Verwendung mit Lebensmitteln (zum Beispiel als Brotbeutel) vorteilhaft sind: Es ist sehr mottenbeständig, hat eine hohe Luftdurchlässigkeit, flust nicht, verschleißt und reißt nicht so schnell, hat eine hohe Saugfähigkeit, dehnt sich nur schwer und ist schmutzabweisend. Diese Naturfaser hat eine besondere Optik und Haptik, durch ihre Langlebigkeit ist sie für Taschen gut geeignet. Der typische „Knitterlook" lässt den Stoff lebendig aussehen.

Wildseide

Seide hat einen besonderen Glanz und eignet sich für besondere Taschen. Das Material ist robust und widerstandsfähig, sollte jedoch nur mit speziellen Waschmitteln gewaschen und darf nicht heiß gebügelt werden.

Wetterfeste Mischgewebe und Regenjackenstoffe

Von den Eigenschaften der Synthetikfasern, die in Regenbekleidung genutzt werden, profitieren auch Taschen, die aus diesen Materialien gearbeitet sind. Es gibt verschiedene Zusammensetzungen im Handel, ich habe für meine Modelle Stoffe gewählt, die PVC-frei sind.
Bei Modell D2: Stoff für Regenbekleidung mit Interlockrücken, 65 % Polyester, 35 % Polyurethane, bei 40 °C waschbar, Bügeln nicht nötig, da der Stoff glatt bleibt, wasser- und schmutzabweisend, PVC-frei. Beim Nähen Klammern verwenden, da Einstichlöcher sichtbar bleiben.
Bei Modell C3: Biberlinon, 55 % Baumwolle, 45 % Nylon, sehr strapazierfähig, winddicht, schmutz- und wasserabweisend, jedoch nicht wasserdicht, waschbar bei 40°, nach dem Waschen bügeln, dann wird der Stoff wieder wasserabweisend.
Bei Modell C4: EtaProof©, 100 % Baumwolle mit spezieller Ausrüstung, aber ohne Beschichtung, strapazierfähig und wetterfest.

Alle Materialien mit ihren entsprechenden Eigenschaften sind auch für andere Taschen zu verwenden.

Beschichtete Baumwolle

Durch eine Beschichtung bekommt ein Stoff neue Eigenschaften, er wird schmutz- und wasserabweisend, bleibt aber atmungsaktiv. An den Schnittkanten franst er nicht aus und ist weniger elastisch, sodass der Fadenlauf keine Rolle spielt. Es gibt verschiedene Imprägnierungsmaterialien, je nach Hersteller wird mit Silikon, Acryl oder Teflon beschichtet. Bügeln auf der Rückseite ist möglich, Handwäsche empfohlen.

Wachstuch

Wachstuch ist wasserabweisend, strapazierfähig und franst an den Schnittkanten nicht aus. Schmutz lässt sich abwischen. Hier noch wichtige Nähtipps für Wachstuch:

- Beim Zusammennähen der Teile können keine Nadeln verwendet werden, da die Einstichlöcher zu sehen sind. Mit Foldback- oder speziellen Stoff-Klammern lassen sich die Schichten zusammenhalten. Beim Zuschneiden können die Vorlagen auch mit Klebeband fixiert werden. Aufgetrennte Nähte bleiben leider sichtbar.
- Zum Nähen am besten eine dicke Universal- (90–100er) oder eine Jeansnadel und eine größere Stichlänge von 3–4 (mm) wählen.
- Mit einem Teflonfuß nähen, da dieser über die Oberfläche rutscht (ein normaler Nähfuß bleibt „kleben"). Alternativ einen Streifen Stickvlies zwischen Wachstuch und Nähmaschinenfüßchen legen und nach dem Nähen wieder herausreißen. Backpapier funktioniert auch, lässt sich aber nicht so gut wieder entfernen.
- Knicke und Falten lassen sich nur schwer wieder glätten, Wachstuch am besten aufgerollt lagern. Bitte die Bügelanleitung beachten, mit geringer Temperatur und einem Bügeltuch auf einem Probestück testen.
- Vor dem Wenden kann das Werkstück vorsichtig mit einem Fön angewärmt werden, das Material wird weicher und biegsamer, und es entstehen weniger Knicke.

Vliese

Vliese sind Einlagen, die einen Stoff verstärken und der Tasche mehr Stabilität geben. Sie werden auf die Rückseiten der Stoffe gebügelt (dabei ein Tuch oder Backpapier auflegen) oder durch Steppnähte verbunden. Es gibt keinen Fadenlauf, so kann materialsparend zugeschnitten werden. Ich habe zu jedem Modell ein oder mehrere Vliese ausgewählt, sie lassen sich aber auch austauschen.

Eigenschaften der Vliese:

- Dünnes Vlies zur Stabilisierung: ist aufbügelbar. Ich verstärke damit gerne den Futterstoff.
- Volumenvlies: gibt es mit und ohne aufbügelbarer Seite, in verschiedenen Stärken erhältlich.
- Verfestigtes Volumenvlies: ist ohne Beschichtung, muss mit Textilkleber oder durch Nähte mit dem Stoff verbunden werden, gibt der Tasche mehr Stabilität als ein einfaches Volumenvlies.
- Lederartiges Vlies: ist aufbügelbar, muss nach dem Wenden einer Tasche wieder glatt gebügelt werden, ist stabil, aber ohne Volumeneffekt. Es ist in verschiedenen Stärken erhältlich.

Recycling-Materialien

Bevor ein neuer Stoff gekauft wird, lohnt es sich zu überlegen, ob ein ähnliches Material im Haushalt zu finden ist, das sonst weggeworfen werden würde. Kleidungstücke, zerrissene Schirme oder Regenjacken eignen sich oftmals zur Weiterverarbeitung.

GRUNDMODELL A: „DIE RECHTECKIGE"

CAMPUS-TASCHE

Größe: 35 x 32 x 8 cm (BxHxT) · Vorlage A-a (Bogen A) · Aufwand ∗∗

MATERIAL

- A: 70 x 110 cm Köperstoff
- B: 40 x 110 cm Baumwollstoff, gemustert
- C: 70 x 110 cm Baumwollstoff, uni (Futter)
- D: 20 x 110 cm Baumwollstoff, gestreift (Futter)
- E: 40 x 90 cm aufbügelbare stabile Fixiereinlage (Futter)
- F: 40 x 114 cm einnähbares, verfestigtes Volumenvlies (Außentasche)
- G: 40 x 90 cm aufbügelbares Volumenvlies (Deckel)
- doppelseitiges Klebeband als Nähhilfe, 4 mm breit
- Reißverschluss, 18 cm
- 180 cm Gurtband, 5 cm breit
- 2 Schnallen oder 1 Schlaufe und 1 Schnalle, jeweils 5 cm breit
- 20 cm Gummiband, 15 mm breit (Schlüsselband)
- Karabinerhaken, 15 mm breit (Schlüsselhaken)
- 2 Magnetdruckknöpfe
- einige Zierstreifen, je 40 cm lang

ZUSCHNEIDEN

Maße und Vorlage inkl. 1 cm Nahtzugabe.
Angaben jeweils Länge (= Fadenlauf) x Breite.

A: 1-mal 70 x 40 cm (Außentasche)
B: 1-mal Vorlage A-a (Deckel)
C: 1-mal 70 x 40 cm (Futter)
 1 mal 21 x 36 cm (Deckelrückseite)
 1-mal 4 x 22 cm (Innenfach)
D: 1-mal 17 x 36 cm (Deckelrückseite)
 1-mal 20 x 25 cm (Innenfach)
E: 1-mal 40 x 70 cm (Futter)
 1-mal Vorlage A-a (Deckelrückseite)
F: 1-mal 40 x 70 cm (Außentasche)
G: 1-mal Vorlage A-a (Deckel außen)

Futter

Innenfach und Schlüsselband im Futterteil einnähen (siehe Inneneinrichtung Punkt 2 und 3). Futterteile rechts auf rechts längs zur Hälfte zusammenlegen und die Seiten bis auf eine Wendeöffnung von 15 cm zusammennähen.

Fertigstellen

Taschendeckel an der hinteren Außentasche mittig (die Stoffkanten liegen bündig) rechts auf rechts annähen (siehe Foto 3). Die Futtertasche rechts auf rechts in die Außentasche stecken. Die Oberkanten ringsum zusammennähen (siehe Foto 4). Die Tasche auf rechts wenden. Die Oberkante im vorderen Bereich auseinander streichen, bügeln und knappkantig absteppen.

Um den richtigen Platz für das Magnetdruckgegenstück zu finden, einen Ordner zur Probe hineinstecken, den Punkt anzeichnen und den Knopf anbringen (siehe Verschlüsse, Punkt 2).

Die Wendeöffnung von Hand oder mit der Maschine schließen.

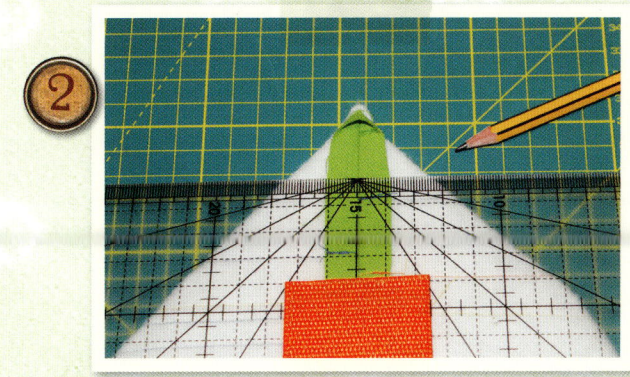

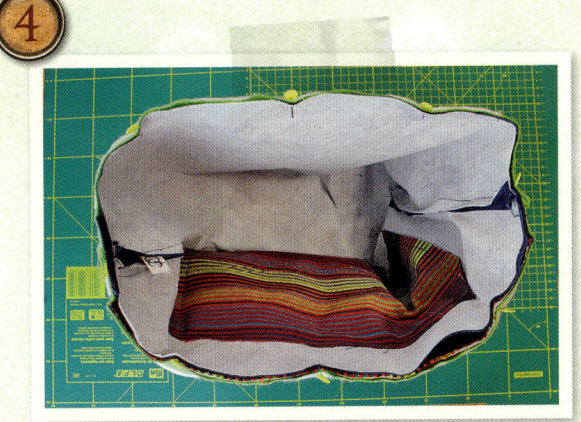

ORDNERTASCHE

Größe: 44 x 32 x 7 cm (BxHxT) · Vorlage A-b (Bogen A) · Aufwand ***

MATERIAL

- A: 5-mal 10 x 110 cm Baumwollstoff, gemustert oder entsprechende Reste
- B: 20 x 110 cm Baumwollstoff, rot
- C: 20 x 110 cm Baumwollstoff, schwarz-weiß
- D: 80 x 110 cm Baumwollköper, schwarz (Außentasche)
- E: 80 x 110 cm Baumwollstoff (Futter)
- F: 40 x 90 cm aufbügelbares dickes Volumenvlies (Taschendeckel)
- G: 50 x 90 cm aufbügelbare stabile Fixiereinlage (Futter)
- H: 50 x 90 cm einnähbares, verfestigtes Volumenvlies (Außentasche)
- I: 40 cm Gummiband, 20 mm breit (Schlaufen, Schlüsselband)
- optional: 5 x 49 cm aufbügelbare, leichte lederähnliche Einlage (Bodenverstärkung)
- 2 Knebelknöpfe, ca. 5 cm lang
- 2 Knöpfe, Ø 1 cm
- 1 Schnalle, 5 cm breit, rot
- 1 Schlaufe oder Schnalle, 5 cm, schwarz
- 170 cm Gurtband, 5 cm breit, schwarz
- Karabinerhaken, 10 mm breit (Schlüsselhaken)
- 2 cm Klettverschluss (Innenfach)

ZUSCHNEIDEN

Maße und Vorlage inkl. 1 cm Nahtzugabe. Angaben in Länge x Breite.

A: 14-mal 8 x 20–24 cm (Deckel)
B: 1-mal 8 x 23 cm (Deckel)
   1-mal 20 x 44 cm (Deckelrückseite)
C: 14-mal 8 x 20–24 cm (Deckel)
   1-mal 20 x 44 cm (Deckelrückseite)
   1-mal 42 x 25 cm (Innenfach)
D: 1-mal 75 x 49 cm (Außentasche)
E: 1-mal 75 x 49 cm (Futter)
F: 1-mal 44 x 37 cm (Taschendeckel)
G: 1-mal 44 x 37 cm (Deckelrückseite)
   1-mal 76 x 49 cm (Futter)
H: 1-mal 76 x 49 cm (Außentasche)
I: 2 Stücke à 10 cm (Schlaufen)
   1 Stück à 20 cm (Schlüsselband)

VORBEREITEN

- Taschendeckel-Vorderseite: Die Streifen nach Belieben anordnen (siehe Foto 1). **Tipp:** Ein Digitalfoto und ein Beschriften mit Schneiderkreide hilft, wenn die Reihenfolge durcheinander gerät. Zur Kontrolle die Vorlage A-b von rechts auflegen, ringsum müssen die Streifen mindestens 3 cm überstehen. Die Rechtecke zunächst an der schmalen Kante aneinandernähen, Nahtzugaben immer in eine Richtung bügeln. Jetzt lassen sich die Streifen noch auf- und abschieben, bis die optimale Verteilung gefunden ist, dann erst an der oberen Kante auf die gleiche Länge zurückschneiden (siehe Foto 2). Anschließend die Streifen jeweils von oben nach unten zusammennähen. Erneut die Vorlage A-b auflegen, dabei die Vorder/Rückseite beachten, da das Teil nicht symmetrisch ist, und ringsum zurückschneiden. Vlies F auf den äußeren Taschendeckel bügeln.
- Taschendeckel-Rückseite: Die Zuschnitte aus Stoff B und C quer zusammennähen, die Nahtzugaben in eine Richtung streichen und mit Vlies G verstärken. Jetzt das Schnittteil A-b für den Taschendeckel auflegen und zuschneiden. Achtung: Vorder/Rückseite beachten, da das Teil unsymmetrisch ist, das Vorderteil zur Hilfe nehmen.
- Außentasche: Vlies H mit dem zugeschnittenen Köperstoff zusammenstecken.

SO WIRD'S GEMACHT

Taschendeckel

Die Gummibänder für die Schlaufen anbringen (siehe Verschlüsse, Punkt 1).
Taschendeckel an den äußeren Kanten rechts auf rechts mit doppelter Naht zusammennähen, Vlies und Nahtzugaben in den Rundungen etwas zurückschneiden und den Deckel auf rechts wenden. Kante knappkantig absteppen, Oberkante mit Zickzackstich schließen.

Außentasche

Die zusammengesteckten Teile aus Vlies und Köper mit quer zum Fadenlauf verlaufenden Nähten aus rotem und grauem Garn zusammennähen (siehe Skizze).
Die folgenden Außennähte jeweils doppelt nähen.
Den Streifen längs rechts auf rechts zusammenlegen (auf 49 x 38 cm) und die Seitennähte schließen, die Bodenecken 5 cm breit abnähen (siehe Seite 7, Foto 2).
Die Bodenverstärkung (falls gewünscht) innen an beiden Dreiecken der abgenähten Ecken stecken, die Länge des Streifens durch Wenden überprüfen (er sollte keine Welle schlagen). Den Vliesstreifen vorsichtig aufbügeln und an den abgenähten Ecken mit einer Naht zusätzlich fixieren.

Futter

Das Schlüsselband seitlich, mit 6 cm Abstand zur oberen Kante, anbringen und das Innenfach mit 8 cm Abstand von der Oberkante auf dem Futterstreifen aufnähen (siehe Inneneinrichtung, Punkt 1 und 3).

Fertigstellen

Das Futter nähen, das Gurtband anbringen und die Tasche fertigstellen, wie für das Grundmodell auf Seite 4–7 beschrieben. Die beiden Knöpfe, jeweils mit einem kleinen Gegenknopf im Innern der Tasche, mit festem Garn von Hand annähen. Die exakte Position durch „Probepacken" kontrollieren.

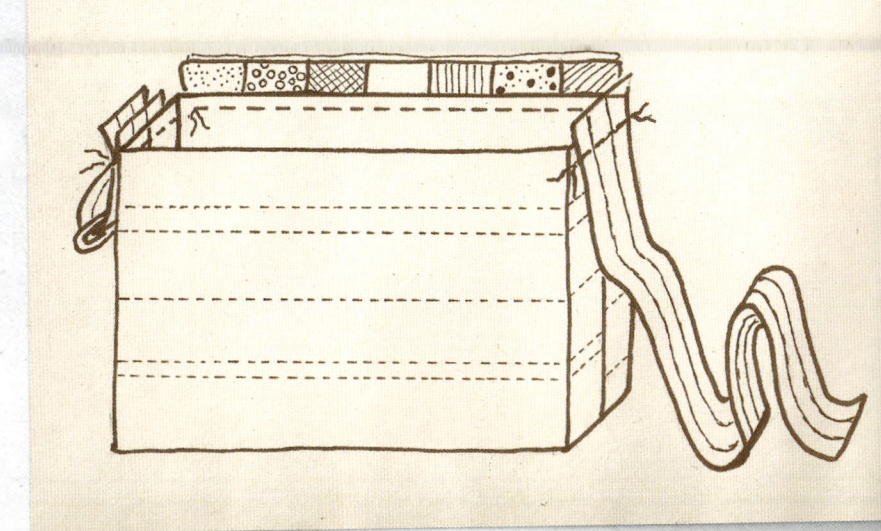

LAPTOPHÜLLE

Größe: 38 x 30 x 4 cm (BxHxT) (für ein Laptop von 34 x 24 x 3 cm) · Vorlage A-c (Bogen A) · Aufwand *

MATERIAL

- A: 40 x 110 cm Baumwoll-Webstoff (**Hinweis:** Der Fadenlauf liegt hier quer, das Muster ist längs ausgerichtet. Soll es quer zugeschnitten werden, wird 65 x 110 cm Stoff benötigt.)
- B: 40 x 110 cm Baumwollstoff (Futter)
- C: 40 x 114 cm einnähbares, verfestigtes Volumenvlies
- 10 x 15 cm Vliesrest
- 24 cm, aufbügelbare Bundeinlage mit Stanzlinien, fertige Breite 2,5 cm (Handgriff)
- 2-mal 6,5 cm Klettband

ZUSCHNEIDEN

Maße inkl. 1 cm Nahtzugabe, Angaben in Länge x Breite.
A: 1-mal 40 x 62 cm (Außentasche)
   1-mal Vorlage A-c (Deckelvorderseite)
   1-mal 24 x 7 cm (Handgriff)
B: 2-mal 40 x 32 cm (Futter)
   1-mal Vorlage A-c (Deckelrückseite)
C: 1-mal 40 x 62 cm (Außentasche)

VORBEREITEN

- Außentasche und Deckelvorderseite aus Stoff A auf die entsprechenden Teile aus Vlies C stecken. Mit einigen Nähten zum Stoffmotiv passend, z. B. in Wellen mit 10–12 cm Abstand, zusammennähen.
- Den Bereich der Klettstreifenmarkierung auf der Deckelrückseite (Stoff B) durch je einen Vliesreststreifen verstärken.
- Bundeinlage auf die Rückseite des Handgriffstreifens bügeln.

SO WIRD'S GEMACHT

Deckel
Die Flauschseiten der Klettstreifen auf die Deckelrückseite aus Stoff B ringsum aufnähen. Deckelteile rechts auf rechts an den Außenkanten zusammennähen, Vlies und die Nahtzugaben in den Rundungen zurückschneiden. Deckel auf rechts wenden und an den äußeren Kanten absteppen. Offene Kante mit Zickzackstich versäubern.

Handgriff
Streifen an den Stanzlinien der Bundeinlage nach innen falten und beidseitig absteppen.

13

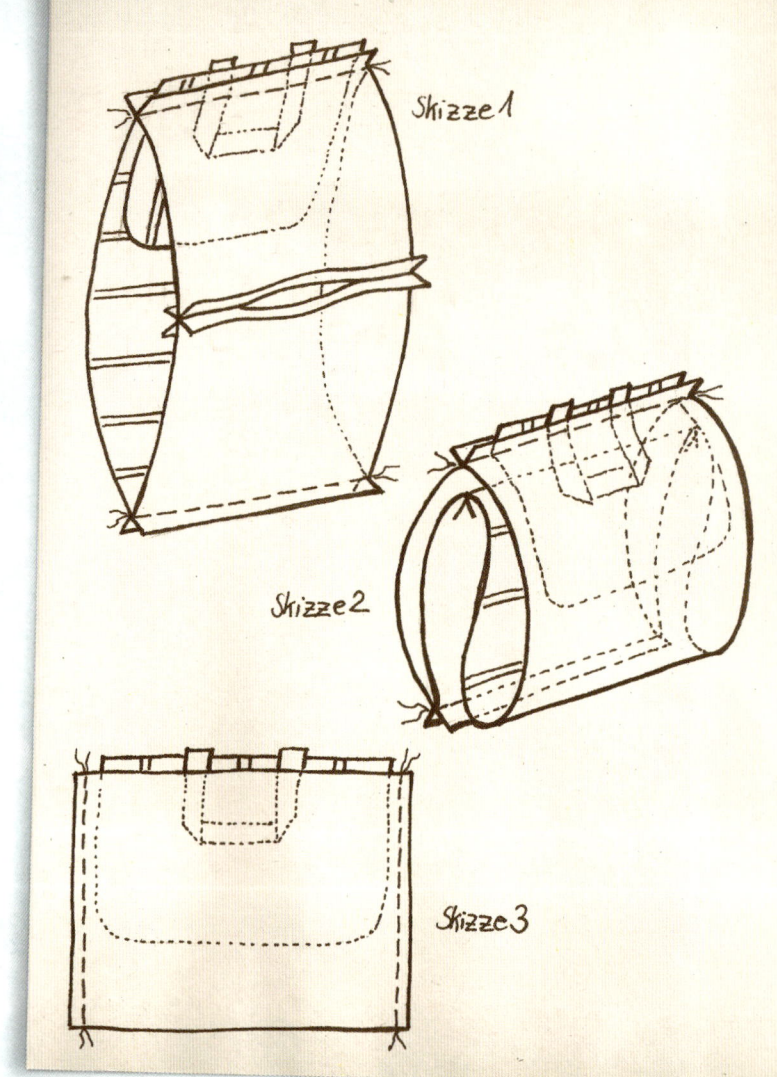

Außentasche

Den Tragegriff mittig an der Hüllenrückseite mit einem Abstand von 14 cm zwischen beiden Enden anbringen und mit einigen Nähten im Nahtzugabenbereich fixieren. Den Deckel darüber mittig und rechts auf rechts annähen, die Schnittkanten liegen bündig. Futterteile aus Stoff B an einer längeren Seite (Taschenunterkante) bis auf eine Wendeöffnung von 10 cm zusammennähen. Stoffstreifen der Außentasche mit dem Futterstreifen an den schmaleren Seiten zusammennähen (siehe Skizze 1).
Die Hülle wird an den Seiten in einem Zug zusammengenäht, dafür den Schlauch so falten, dass der Teil der Außentasche und der des Futters jeweils rechts auf rechts liegen. Den Streifen noch einmal falten (4 Lagen übereinander), sodass die Vorderkante in der Mitte liegt (siehe Skizze 2). Die Hülle an den Seiten mit doppelter Naht zusammennähen (siehe Skizze 3).

Fertigstellen

Tasche auf rechts wenden, die Wendeöffnung schließen. Die Vorderkante absteppen. Die exakte Position für die Klettbandgegenstücke suchen, dafür am besten einen Laptop hineinstecken. Die Klettbandstreifen knappkantig aufsteppen, die Flauschstücke am Deckel, die Hakenstücke am Taschenkörper (siehe Foto).

FARBKREIS-TASCHE

Größe: 25 x 26 x 4 cm (BxHxT) · Aufwand **

MATERIAL

- A: 60 x 110 cm Baumwoll-Webstoff
- B: 60 x 110 cm Baumwollstoff (Futter)
- C: je 12 x 12 cm feste Baumwollstoffe in mindestens 3 Farben
- D: 10 x 30 cm Vliesofix
- E: 60 x 90 cm aufbügelbares dickes Volumenvlies
- F: 50 x 90 cm aufbügelbare stabile Fixiereinlage
- 30 cm Gummiband, 20 mm breit (Schlaufe und Schlüsselband)
- 1 Karabiner, 10 mm
- 1 Reißverschluss, 10 cm
- 1 Knopf, Ø 30 mm
- 1 Knopf, Ø 10 mm
- 1 Schnalle, 25 mm
- 1 Schlaufe, 25 mm
- 170 cm Gurtband, 25 mm breit

Tipp: Ein Kreisschneider mit Rollschneiderklinge schneidet schnell saubere Kreise mit verschiedenen Durchmessern (siehe Foto 1).

ZUSCHNEIDEN

Maße inkl. 1 cm Nahtzugabe, Angaben in Länge x Breite.

A: 56 x 30 cm (Außentasche)
   2-mal 27 x 27 cm (Deckelvorder- und -rückseite)
B: 1-mal 56 x 30 cm (Futter)
   2-mal 20 x 15 cm (Innenfach)
C: Kreise in versch. Größen und Farben, Ø 6,5, 8 und/oder 10 cm
D: 3-mal 10 x 10 cm (Applikation)
E: 1-mal 30 x 56 cm (Außentasche)
   1-mal 27 x 27 cm (Deckel)
F: 1-mal 56 x 30 cm (Futter)

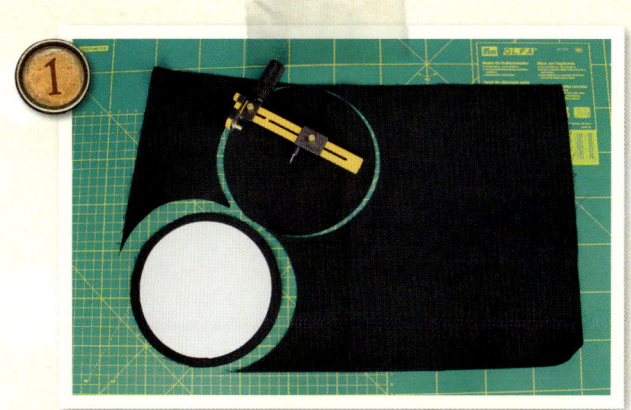

VORBEREITEN

- Vlies E auf die Teile für die Außentasche, Vlies F auf den Futterstreifen und die Deckelrückseite bügeln.
- Das Gummiband teilen: 1 Stück à 10 cm (Schlaufe) und 1 Stück à 20 cm (Schlüsselband) schneiden. Das Stück für die Schlaufe längs zur Hälfte legen, beide Stücke mit elastischem Zierstick abnähen.

SO WIRD'S GEMACHT

Taschendeckel
Die Position der Kreise individuell platzieren (siehe Foto 2). Zu den Rändern hin einen Mindestabstand von 3 cm einhalten. Die Ausrichtung des Deckels festlegen (er lässt sich längs oder quer weiterverarbeiten). Die Anordnung notieren oder ein Foto machen. Die Teile aus Vlies D in Größe der Kreise zuschneiden und auf die Kreisrückseiten bügeln. Den zuunterst liegenden Kreis zuerst applizieren, dann nacheinander die beiden anderen (siehe Gestaltung, Punkt 4).
Die Schlaufe aus Gummiband am Taschendeckel anbringen (siehe Verschlüsse, Punkt 1). Die Position dafür ist auf der dem Motiv gegenüberliegenden Seite und 10 cm von der seitlichen Kante entfernt. Deckelvorderseite und Rückseite zusammennähen, wie für das Grundmodell auf Seite 4–7 beschrieben.

Außentasche
Die folgenden Außennähte doppelt nähen. Den Stoffstreifen längs rechts auf rechts zur Hälfte zusammenlegen, die Seitennähte schließen und die Bodenecken 4 cm breit abnähen. Das Gurtband anbringen (siehe Tragevorrichtungen, Punkt 3).

Futter
Innenfach und Schlüsselband im Futterteil einnähen (siehe Inneneinrichtung, Punkt 2 und 3) und das Futter, wie für das Grundmodell beschrieben, nähen.

Fertigstellen
Taschendeckel mittig an der hinteren Außentasche feststecken und annähen, Deckelvorderseite liegt auf der Taschenrückseite. Die Tasche fertigstellen, wie für das Grundmodell beschrieben, jedoch statt eines Magnetknopfes den Knopf mit Gegenknopf annähen (siehe Verschlüsse, Punkt 1).

GRUNDMODELL B: „DIE KLEINE"

JEANS-CLUTCH

Größe: 29 x 16 x 4 cm (BxHxT) · Vorlage B-a/b (Bogen B) · Aufwand ✱✱

MATERIAL

- A: 25 x 110 cm Webstoff, dunkelblau
- B: 20 x 110 cm Webstoff, mittelblau
- C: 25 x 110 cm Webstoff, rot
- D: 25 x 90 cm aufbügelbares dickes Volumenvlies
- E: 25 x 90 cm aufbügelbare stabile Fixiereinlage
- 1 Halbring, 15 mm
- 1 Karabiner, 15 mm
- 2-mal 2 cm Klettband
- 1 Magnetdruckknopf

ZUSCHNEIDEN

Schnitteile herstellen, die Markierungen von Vorlage B-a für die Falten an einer Linie einschneiden (nur am Papierschnitt!), sie dient als Schablone für das Anzeichnen der Abnäher (siehe Skizze links). Für dieses Modell den Schnitt (Vorlage B-b) an den Ansatzlinien knicken.

Maße und Vorlagen inkl. 1 cm Nahtzugabe, Angaben in Länge x Breite.

A: 1-mal Vorlage B-a (Außentasche Vorderteil)
    1-mal Vorlage B-b (Rückteil, bis zur Ansatzlinie, nur dort zzgl. 1 cm Nahtzugabe)
    4,5 x 25 cm (Ansatz am Rückteil)
    6 x 7,5 cm (Schlaufe)
    Ø 6 cm (Yo-Yo)
B: 10 x 27 cm (Ansatz am Rückteil)
    13,5 x 27 cm (Ansatz am Futter-Rückteil)
    1-mal 22 x 18 cm (Innenfach)
    Ø 4 cm (Yo-Yo)

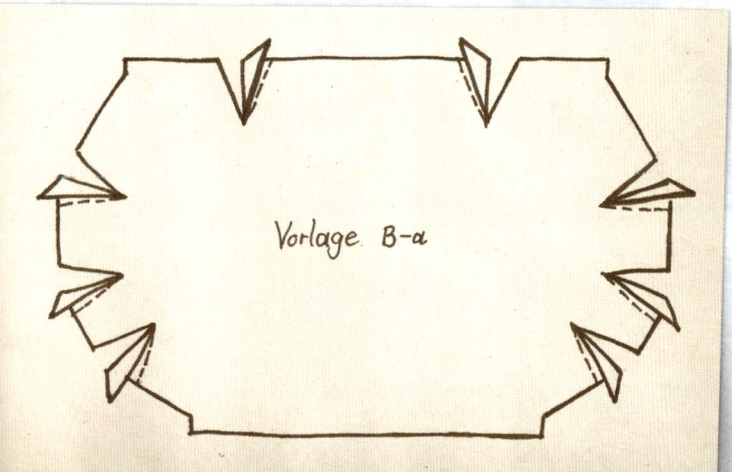

C: 1-mal Vorlage B-a (Außentasche Vorderteil)
1-mal Vorlage B-b (Rückteil, bis zur Ansatzlinie ohne eine weitere Nahtzugabe)
25 x 7,5 cm (Handgriff)

D: 1-mal Vorlage B-a (Außentasche Vorderteil)
1-mal Vorlage B-b (Außentasche Rückteil)
Ø 10 cm (Yo-Yo)

E: 1-mal Vorlage B-a (Futter Vorderteil)
1-mal Vorlage B-b (Futter Rückteil)
1-mal 5 x 5 cm (Verstärkung für Druckknöpfe)

VORBEREITEN

- Das Rückteil zusammensetzen: Den Streifen aus Stoff B und A an das Rückteil nähen, den Streifen aus Stoff C an das Rückteil fürs Futter nähen (siehe Foto 1). Die Kanten mit Hilfe vom Schnittteil für das Rückteil zurückschneiden. Die Nahtzugaben in eine Richtung bügeln und von rechts feststeppen.
- Die Vliese auf die linken Seiten der zugehörigen Schnittteile der Außentasche und des Futters aufbügeln. Den Bereich, in dem der Magnetdruckknopf angebracht wird, durch einen zusätzlichen Vliesstreifen verstärken (siehe Vorlage).
- Mit Hilfe des Schnittteils die Markierungen für die Falten mit Bleistift oder Schneiderkreide auf die Rückseiten aller Schnittteile übertragen.

SO WIRD'S GEMACHT

Abnäher
Vor dem Zusammennähen in die Vorderteile von Futter und Außentasche Abnäher nähen. Dafür mit Hilfe des Schnittteils B-a die Markierungen für die Falten auf die Rückseiten beider Schnittteile übertragen und die Abnäher nähen (siehe Foto 2).

Innenfach
Aufgesetztes Innenfach mit 2 cm Abstand zur unteren Stoffkante auf dem Rückteil aus Futterstoff nähen (siehe Inneneinrichtung, Punkt 1 oder 2).

Außentasche und Futter
Die Bodennähte der Außen- und der Futtertasche schließen, im Futter eine Wendeöffnung von 10 cm aussparen. Die Nahtzugaben der Außentasche auseinanderbügeln und beidseitig der Naht knappkantig absteppen. Die zusammengenähten Teile der Außentasche und des Futterstoffes rechts auf rechts legen und an der Oberkante zusammennähen, dabei die Abnäher bei der Außentasche nach außen, beim Futter nach innen klappen. An der Oberkante die Teile links auf links bügeln und schmalkantig absteppen (siehe Foto 3).
Einen Teil des Magnetdruckknopfes etwa 3 cm von der Klappenkante entfernt am Futterteil anbringen.

Schlaufen
Für die Schlaufen (für Gurtband und Handgriff) an den Seiten der Streifen die Nahtzugaben einschlagen und absteppen. Die Schlaufen an der Markierung

(die offenen Kanten bündig ausrichten) anbringen, den Halbring vor dem Nähen aufziehen. Den Karabinerhaken auf das Band für den Handgriff stecken und die Bandenden zusammennähen. Den Haken zur Naht schieben und im Abstand von 2 cm abnähen.

Fertigstellen

Den langen Taschenstreifen laut Skizze falten. Die Nähte der Abnäher sollten genau aufeinandertreffen.
Tipp: Die Stoffe der äußeren Tasche und des Futters liegen nach dem Falten jeweils recht auf rechts. Zunächst den Futterstreifen zusammenstecken, dann den Webstoff und als letztes beide Taschenteile mit dem Decke zusammenlegen. Die Naht beginnt an einer Ecke an der Bodenseite, führt um den Taschendeckel herum und endet gegenüber in der anderen Taschenecke. Diese Naht doppelt nähen (siehe Foto 4 und Skizze).

Die Tasche auf rechts wenden. Die Deckelkante schmalkantig absteppen, dann das Magnetdruckknopfgegenstück anbringen und die Wendeöffnung schließen. Den Handgriff nach Belieben anbringen. 3 Yo-Yos herstellen (siehe Gestaltung, Punkt 5) und annähen.

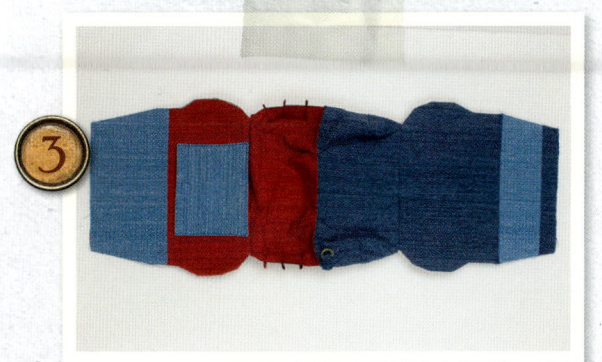

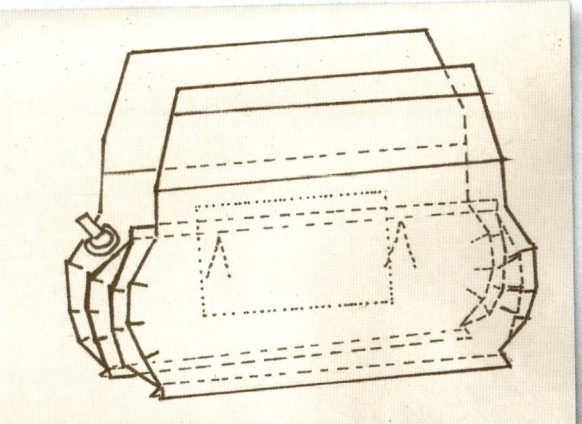

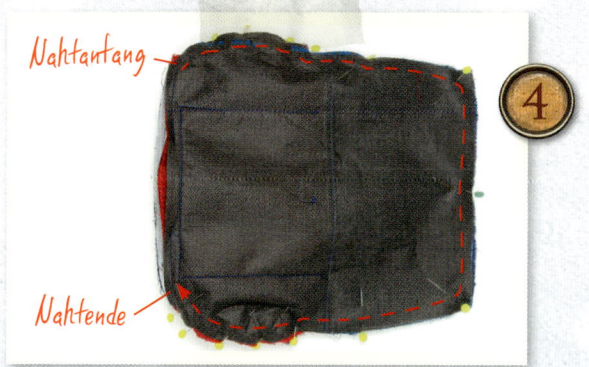

 KLEINE SCHWARZE

Größe: 29 x 16 x 4 cm (BxHxT) · Vorlage B-a/b (Bogen B) · Aufwand **

MATERIAL

- A: 35 x 110 cm Leinenwebstoff
- B: 35 x 110 cm Baumwollstoff (Futter)
- C: 35 x 90 cm aufbügelbares dickes Volumenvlies
- Reißverschluss, 14 cm lang
- 150 cm Ripsband, 1,5 cm breit
- 200 cm Zierstreifen
- doppelseitiges Klebeband als Nähhilfe, 4 mm breit
- 2 Karabinerhaken, 1,5 cm breit
- 2 Ringe oder Halbringe, 1 cm breit
- 1 Knebelknopf, 3 cm lang
- 1 kleiner Knopf, Ø 1 cm

ZUSCHNEIDEN

Die Vorlage B-a als Schablone für die Abnäher verwenden, die Markierungen für die Falten dafür an einer Linie (nur am Papierschnitt) einschneiden und falten (siehe Skizze auf Seite 18).

Maße und Vorlage inkl. 1 cm Nahtzugabe. Angaben in Länge x Breite.

A: 1-mal Vorlage B-a (Außentasche Vorderteil)
   1-mal Vorlage B-b (Außentasche Rückteil)
   2-mal 6 x 4 cm (Gurtband-Schlaufen)
   1-mal 10 x 4 cm breit (Verschluss)

B: 1-mal Vorlage B-a (Futter Vorderteil)
   1-mal Vorlage B-b (Futter Rückteil)
   2-mal 11 x 18 cm (Innenfach Rückseite)

C: 1-mal Vorlage B-a (Außentasche Vorderteil)
   1-mal Vorlage B-b (Außentasche Rückteil)

VORBEREITEN

- Die Schnittteile aus Leinen und Besatzstreifen für das Innenfach ringsum mit Zickzackstich versäubern.
- Vlies linksseitig auf die beiden Teile aus Stoff A (Außentasche) aufbügeln.
- Abnäher mit Hilfe der Schablone von links auf die Schnittteile zeichnen.

SO WIRD'S GEMACHT

Abnäher
Die Abnäher nähen, wie für das Grundmodell auf Seite 18–21 beschrieben.

Innenfach
Das Reißverschlussinnenfach im hinteren Futterteil, 1 cm unterhalb einer gedachten Linie zwischen Ansatzpunkt A und B, einarbeiten (siehe Inneneinrichtung, Punkt 2).

Außentasche und Futter
Nähen, wie für das Grundmodell beschrieben, jedoch nach dem Zusammennähen der Außentaschenteile den Zierstreifen mit Hilfe des Klebebands entsprechend der Vorlage auf der Außentasche aufbringen und beidseitig festnähen.

Schlaufen
Die Schlaufen (für Gurtband und Knopf) nähen (siehe Verschlüsse, Punkt 1). Auf die seitlichen Schlaufen den Halbring ziehen. Den Steifen doppelt legen und mit der Steppnaht nach unten an der Außentasche innerhalb der Nahtzugabe annähen. Die Schlaufe für den Knopf als Ring legen und mittig an der Taschenklappe, ebenfalls mit einer Naht im Bereich der Nahtzugabe kantenbündig fixieren.

Trageband
Für das Gurtband den Zierstreifen mittig auf dem Ripsband mit doppelseitigem Klebeband fixieren und aufnähen. Die Karabinerhaken in passender Länge anbringen, die Enden des Gurtbandes 1 cm ein- und umschlagen.

Fertigstellen
Die Tasche fertigstellen, wie für das Grundmodell beschrieben, jedoch ohne Yo-Yos und statt des Magnetknopfes den Knebelknopf mit kleinem Knopf und Abstand annähen (siehe Verschlüsse, Punkt 1). Das Gurtband nach Belieben anbringen (siehe Tragevorrichtungen, Punkt 2).

B2 BRAUTTASCHE

Größe: 30 x 15 x 3 cm (BxHxT) · Vorlage B-a/b (Bogen B) · Aufwand **

MATERIAL

- A: 50 x 135 cm Wildseide
- B: 45 x 90 cm feiner Leinenstoff
- 5–10 feine Spitzen- und Bortenstreifen, je 15 cm lang
- 3 Knöpfe, Ø 10–15 mm
  Schön sind alte Spitzen oder Knöpfe aus der Familie!
- 20 cm Zier-Gummiband, 5 mm breit
- 2 Metall-Halbringe, 1 cm breit

ZUSCHNEIDEN

Tipp: Vor Beginn der Arbeit alle Flächen und Geräte von Staub und farbigen Fäden befreien, Nähmaschine mit dem Staubsauger reinigen.

Maße inkl. 1 cm Nahtzugabe, Angaben in Länge x Breite.
A: 1-mal Vorlage B-a (Außentasche Vorderteil)
   1-mal Vorlage B-b bis zur Ansatzlinie, hier zzgl. 1 cm Nahtzugabe (Außentasche Rückteil)
   1-mal 50 x 12 cm (Biesenstreifen Deckel)
   1-mal 5 x 32 cm (Ansatzstreifen Deckel)
B: 1-mal Vorlage B-a (Futter)
   1-mal Vorlage B-b (Futter)
   1-mal 32 x 12 cm (Innenfach)

VORBEREITEN

- Alle Zuschnitte mit Zickzackstich versäubern.
- Abnäher mit Hilfe der Schablone von links auf die Schnittteile innerhalb der Nahtzugabe anzeichnen, außerhalb mit Stecknadeln oder Heftfäden, die nach dem Nähen entfernt werden, markieren, damit später nichts durch den weißen Stoff durchschimmert (siehe Foto 1).

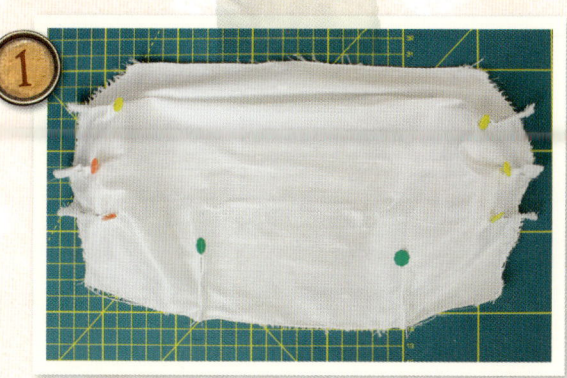

SO WIRD'S GEMACHT

Zierstreifen

Am Streifen aus Stoff A ca. 9 Biesen in unterschiedliche Breiten von 0,5–0,8 cm und nach Belieben regelmäßig oder unregelmäßig angeordnet abnähen (siehe Gestaltung, Punkt 8). Spitzen und Borten

ebenfalls aufnähen. An den Seiten im Abstand von mind. 2,5 cm keine Verzierung nähen. Der Streifen soll jetzt noch eine Maß von 12 x 32 cm haben. Den verzierten Streifen an einer langen Seite an der Ansatzlinie von Vorlage B-b, an der anderen Seite den Ansatzstreifen ansetzen. Die Teile zusammennähen, die Nahtzugaben von dem Biesenstreifen weg bügeln und absteppen.

Abnäher

Die Abnäher nähen, wie für das Grundmodell auf Seite 18–21 beschrieben.

Innenfach

Das Innenfach ist so breit wie die Tasche und wird seitlich im Futter miteingenäht. Die obere Kante des Schnittteils aus Stoff B an der Oberkante 1 cm um- und 1 cm einschlagen, absteppen. Die untere Seite des Stoffstreifens 1 cm umschlagen und auf der rechten Stoffseite des Rückteils (B-b) mit 3,5 cm Abstand zur Unterkante festnähen und umschlagen. Die Seiten laut Schnittteil B-b zuschneiden und seitlich annähen. Durch zwei Nähte zusätzlich Unterteilungen schaffen (siehe Foto 2 im Bereich der Stecknadeln). Aus einem 7,5 cm langen Borten- oder Spitzenstück eine Schlaufe legen, die Enden einschlagen und mittig am Futterstoff 1 cm über dem Innenfach annähen. Einen Knopf am Saum des Innenfachs annähen.

Schlaufen

Die 2 Schlaufen (für das Trageband) aus je 5,5 cm Borte oder Spitze mit aufgesteckten Metallhalbringen, entsprechend der Markierung auf der Vorlage auf dem Futter (Stoff B) anbringen, Schnittkanten liegen bündig. Die Schlaufen liegen somit innerhalb der Tasche, ein Trageband, eine Kordel oder eine Kette kann bei Bedarf innen angebracht werden. An der Taschenklappe zwei Schlaufen aus Gummiband annähen, Enden jeweils 1 cm überstehen lassen (Position siehe Vorlage).

Außentasche und Futter

Nähen, wie für das Grundmodell beschrieben.

Fertigstellen

Die Tasche fertigstellen, wie für das Grundmodell beschrieben, jedoch statt des Magnetknopfes die Knöpfe am Vorderteil annähen.

B3 SCHMINKTÄSCHCHEN

Größe: 32 x 17 x 4 cm (BxHxT) · Vorlage B-c/d (Bogen B) · Aufwand **

MATERIAL

- A: 35 x 140 cm dünnes Wachstuch, türkis-getupft
- B: 35 x 140 cm dünnes Wachstuch, grau-gemustert
- 4 Druckknöpfe

ZUSCHNEIDEN

Maße und Vorlage inkl. 1 cm Nahtzugabe. Beim Zuschneiden die Musterung beachten, der Fadenlauf spielt keine Rolle.
A: Vorlage B-c (Außentasche Vorderteil)
   Vorlage B-d (Futter Rückteil)
   7 x 45 cm (Tragegriff)
B: Vorlage B-c (Futter Vorderteil)
   Vorlage B-d (Außentasche Rückteil)

SO WIRD'S GEMACHT

Abnäher
Die Abnäher nähen, wie für das Grundmodell auf Seite 18–21 beschrieben.

Außentasche und Futter
Nähen, wie für das Grundmodell beschrieben.

Tragegriff
Für den Tragegriff den Streifen längs rechts auf rechts legen und die Kanten an den Enden zusammen nähen. Die Eckbereiche umstülpen, die Ecken gut ausformen. Jetzt auf einer Seite mittig den Druckknopfteil mit Nase anbringen, den Bereich zusätzlich mit einem Reststück Wachstuch verstärken, den Druckknopf also durch zwei Lagen stecken. Die Nahtzugaben der Längsseite einschlagen, mit Klammern fixieren und rundherum nähen (für diese Naht ist ein Teflonfuß oder Stickvlies nötig).

Fertigstellen
Die Tasche fertigstellen, wie für das Grundmodell beschrieben, jedoch ohne Yo-Yos und statt des Magnetknopfes 4 Druckknopfteile mit Vertiefung anbringen, davon 2 seitlich an der Tasche und 2 am Deckel (siehe Markierungen auf Vorlage B-c und B-d). Tragegriff nach Bedarf seitlich oder an der Klappe anknöpfen.

GRUNDMODELL C: „DIE BAUCHIGE"

SHOPPER
Größe: 30 x 40 x 14 cm (BxHxT) · Vorlage C-a/b (Bogen D) · Aufwand ∗∗∗

MATERIAL

- A: 85 x 140 cm Leinen
- B: 35 x 110 cm Baumwolle (Futter)
- D: 10 x 110 cm Baumwolle, grün (Paspel)
- C: 5 x 30 cm Baumwolljersey (Applikation)
- D: 70 x 90 cm aufbügelbares dickes Volumenvlies
- E: 70 x 114 cm aufbügelbare stabile Fixiereinlage
- F: 10 x 30 cm aufbügelbare, leichte lederähnliche Einlage
- 5 x 30 cm Vliesofix
- 170 cm aufbügelbare Bundeinlage mit Stanzlinien, fertige Breite: 3,5 cm
- 20 cm Gummiband, 1,5 cm breit (Schlüsselband)
- 1 Karabinerhaken, 1,5 cm breit
- 18 cm Reißverschluss
- 1 Magnetdruckknopf

ZUSCHNEIDEN

Maße und Vorlagen inkl. 1 cm Nahtzugabe, Angaben in Länge x Breite.

A: 2-mal 34 x 30 cm (Außentasche Mittelteil)
4-mal 34 x 10 cm (Außentasche Seitenstreifen)
4-mal 10 x 30 cm (Außentasche Querstreifen)
2-mal Vorlage C-a (Außentasche/Futter Boden)
2-mal 85 x 9 cm (Gurtband)
B: 2-mal Vorlage C-b (Futter)
2-mal 20 x 25 cm (Innenfach)
D: 2-mal 34 x 30 cm (Außentasche Mittelteil)
4-mal 34 x 10 cm (Außentasche Seitenstreifen)
2-mal 8 x 28 cm (Außentasche Querstreifen)
E: 2-mal Vorlage C-b (Futter)
2-mal 30 x 10 cm (Querstreifen Futter)
2-mal 5 x 5 cm (Druckknopfverstärkung Futter)

Ohne Nahtzugabe zuschneiden:
F: 1-mal Vorlage C-a (Boden)

VORBEREITEN

- Die Teile aus Leinen mit Zickzack versäubern.
- Die Volumenvliese auf die linken Seiten der zugehörigen Schnittteile der Außentaschenteile, das

Verstärkungsvlies auf die Futterteile bügeln, den mittleren Bereich, in dem der Magnetdruckknopf angebracht wird (innen), mit einen zusätzlichen Vliesstreifen verstärken. Vlies F auf das Futterbodenteil und das Vliesofix auf den Jerseystreifen, (jeweils auf die Stoffrückseiten) bügeln.
- Den Streifen für die Gurtbänder mit Bundeinlage verstärken.
- Auf den Mittelteilen an den oberen und unteren Kanten die Mitten markieren, ebenso auf den Bodenteilen.
- Etwa 16 Blätter (siehe Skizze 1) auf dem Jerseystoff C anzeichnen und ausschneiden.

SO WIRD'S GEMACHT

Außentasche

Ziernähte auf den Mittelteilen frei oder laut Skizze 2 und/oder einem Baumfoto übertragen und mit mehreren Nähten in Schwarz oder Dunkelbraun absteppen (siehe Gestaltung, Punkt 1). Blätter an den Zweigen verteilen und mit grünem oder grauem Garn aufnähen (siehe Gestaltung, Punkt 4). Den Paspelstreifen an die inneren Kanten der Seitenstreifen nähen (siehe Gestaltung, Punkt 7).
Die obere und untere Seite des Mittelteils einreihen. Dafür die Nahtzugaben von 1 cm anzeichnen, links und rechts von der Linie nähen. Eine große Stichlänge wählen, die obere Fadenspannung vermindern und die Fadenenden hängen lassen. Die Mittelteile an der oberen Kante bis auf eine Breite von 14 cm zusammenziehen, an der unteren auf 17 cm, und die Falten gleichmäßig verteilen. Die Fadenenden der Kräuselnaht durch einen Knoten fixieren.
Je einen Seitenstreifen rechts und links an die Mittelteile nähen, neben der Paspelstreifennaht nähen. Die Nahtzugaben in eine Richtung bügeln (der Paspelstreifen legt sich automatisch in die andere) und knappkantig absteppen. Anschließend den Querstreifen an die oberen Kanten nähen. Die Naht verläuft hier, wie auch an der Unterkante, zwischen beiden Kräuselhilfsfäden. Die Nahtzugaben nach oben streichen und wieder knappkantig absteppen. Die folgenden Außennähte doppelt nähen. Das vordere und hintere Taschenteil rechts auf rechts aufeinanderlegen und die Seiten bis zur Markierung „Seitennahtende" zusammennähen.

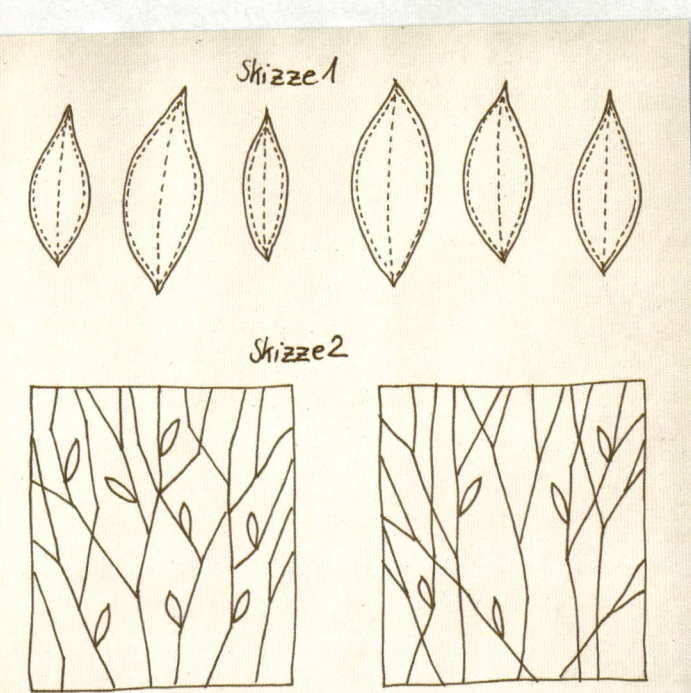

Als nächstes den Boden ringsum feststecken, dabei jeweils bei den Markierungen der Mitten beginnen. Ringsum zusammennähen, dabei den Boden nach unten legen.

Futter
Das Innenfach im Futterteil einnähen und das Schlüsselband anbringen (siehe Inneneinrichtung, Punkt 2 und 3). Die Querstreifen an der oberen Kante von Schnittteil C-b annähen, die Nahtzugaben nach unten bügeln und absteppen. Die Futterteile rechts auf rechts legen, die Seiten bis zur Markierung bis auf eine Wendeöffnung von 12 cm zusammennähen. Den Boden, wie bei der Außentasche beschrieben, einnähen (siehe Foto 1).

Tragegurte
Schultergurte nähen (siehe Tragevorrichtungen, Punkt 2). Je ein Gurtband an der oberen Kante der vorderen und rückwärtigen Außentasche, mit einem Abstand von 12 cm, mittig annähen. Das Gurtbandende hierbei ca. 1 cm nach innen überstehen lassen.

Fertigstellen
Futter und Außentasche rechts auf rechts ineinanderstecken (siehe Foto 2) und an der Oberkante der Taschenöffnung zusammennähen, dabei jeweils in der Mitte beginnen und bis zum Nahtende der Seiten nähen. Auch diese Nähte doppelt nähen, die Nahtzugaben an den Ecken zurückschneiden. Die Tasche auf rechts wenden, die Nahtzugaben auseinanderbügeln und knappkantig absteppen. Im seitlichen Bereich, wo die Seitennaht endet, mehrere Male hin- und hernähen (siehe Foto 3). Den Magnetdruckknopf anbringen (siehe Verschlüsse, Punkt 2). Sichtbare Hilfsfäden vom Einkräuseln herausziehen. Die Wendeöffnung schließen.

HANDTÄSCHCHEN

Größe: 30 x 28 x 14 cm (BxHxT) · Vorlage C-a/c (Bogen D) · Aufwand **

MATERIAL

- A: 25 x 148 cm Feincord
- B: 25 x 110 cm Baumwollköper (Futter)
- C: 20 x 110 cm Baumwollstoff (Innenfach)
- D: 50 x 90 cm aufbügelbares dickes Volumenvlies
- E: 25 x 90 cm aufbügelbare, leichte lederähnliche Einlage
- einige Zierstreifen, je 25 cm lang
- 30 cm Zierbandstreifen (Schlaufe)
- doppelseitiges Klebeband als Nähhilfe, 4 mm breit
- 1 Perlmuttknopf, Ø 3–4 cm
- 1 Knopf, Ø 1 cm
- 20 cm Gummiband, 1,5 cm breit (Schlüsselband)
- Karabinerhaken, 1,5 cm breit
- 140 cm Gurtband, grau, 3 cm breit
- 140 cm Gurtband, hellgrau, 2 cm breit
- 16 cm Reißverschluss

ZUSCHNEIDEN

Maße und Vorlage inkl. 1 cm Nahtzugabe. Angaben in Länge x Breite. **Hinweis:** Bei allen Teilen aus Stoff A die Strichrichtung des Cordstoffes anzeichnen.

A: 2-mal 22 x 30 cm (Außentasche Mittelteil)
4-mal 22 x 10 cm (Außentasche Seitenstreifen)
4-mal 10 x 30 cm (Außentasche Querstreifen)
1-mal Vorlage C-a (Außentasche Boden)
B: 2-mal Vorlage C-c (Futter)
1-mal Vorlage C-a (Futter, Boden)
C. 2-mal 20 x 18 cm (Innenfach)
D: 4-mal 22 x 10 cm (Seitenstreifen)
2-mal 20 x 30 cm (Querstreifen)

Ohne Nahtzugabe zuschneiden:
E: 1-mal Vorlage C-a (Futter Boden)

VORBEREITEN

- Vlies auf die Rückseiten vom Boden, den Seiten- und den Querstreifen aus Cordstoff bügeln.
- Den oberen Eckbereich der Querstreifen mit Hilfe eines runden Gegenstandes oder Kurvenlineals abrunden, also einen Bogen anzeichnen, und abschneiden.
- Auf dem Mittelteil, dem Futter und den Bodenteilen jeweils die Mitten von Ober- und Unterkante markieren.
- Zierstreifen nach Belieben mit einem Mindestabstand von 2 cm parallel zur Stoffkante auf einem Seitenstreifen für das Vorderteil feststecken oder aufkleben und festnähen.
- Gurtbänder auf jeweils 70 cm zuschneiden.

SO WIRD'S GEMACHT

Außentasche
Beim Nähen die Strichrichtung des Cordstoffes beachten. Außentasche nähen, wie für das Grundmodell auf Seite 30–33 beschrieben.

Futter
Für die Schlaufe 2 Zierstreifen von etwa 12 cm Länge (Maß der Knopfgröße anpassen) aufeinanderlegen und beidseitig zusammennähen. Auf die Hälfte zur Schlaufe legen und mittig an der Außentasche im Bereich der Nahtzugaben kantenbündig annähen.
Futter nähen, wie in der Grundanleitung beschrieben.
Für die Träger beide Gurtbänder aufeinanderlegen und beidseitig zusammennähen, Gurtenden versäubern. Mit jeweils 6 cm Abstand zur Mitte an der Taschenoberkante anbringen. Das Gurtband dabei ca. 1 cm über die Nahtzugabe hinaus überstehen lassen. Ebenfalls im Bereich der Nahtzugabe durch Hin- und Hernähen fixieren.

Fertigstellen
Die Tasche fertigstellen, wie für das Grundmodell beschrieben, jedoch statt Magnetknopf einen Knopf mit Gegenknopf im Innern, an der zur Schlaufe passenden Stelle, annähen.

GEOMETRIE-TASCHE

Größe: 47 x 43 x 13 cm (BxHxT) · Vorlage C-d/e (Bogen C/D) · Aufwand **

MATERIAL

- A: 60 x 140 cm Köperstoff, rot
- B: 60 x 110 cm Baumwollstoff, gemustert
- C: 10 x 110 cm Baumwollstoff, gelb
- D: 40 x 110 cm Baumwollstoff, orange (Futter)
- E: 20 x 50 cm Baumwollstoff (Innenfach)
- F: 80 x 90 cm aufbügelbare stabile Fixiereinlage (Futter, Gurtband)
- G: 60 x 114 cm einnähbares, verfestigtes Volumenvlies
- 1 Magnetdruckknopf, messingfarben
- 20 cm Gummiband, 1,5 cm breit
- 1 Karabinerhaken
- 20 cm Reißverschluss
- 2 Perlmuttknöpfe, Ø 3 cm
- 1 Broschennadel zum Annähen

ZUSCHNEIDEN

Maße und Vorlagen inkl. 1 cm Nahtzugabe, Angaben in Länge x Breite.

A: 1-mal Vorlage C-d (Außentasche Boden)
    1-mal Vorlage C-e rechter Teil, bis zur Ansatzlinie (Außentasche)
    4-mal 10 x 37 cm (Außentasche Querstreifen)
    2-mal 60 x 9 cm (Gurtband)
    2-mal Kreis mit Ø 8 cm (Anstecker)

B: 1-mal Vorlage C-e linker Teil bis zur Ansatzlinie (Außentasche)
    1-mal 36 x 5 cm (Außentasche, hinten)
    1-mal Vorlage C-d (Außentasche Boden)
    2-mal 60 x 4 cm (Gurtband)

C: 1-mal 8 x 36 cm (Außentasche, vorne)

D: 2-mal Vorlage C-e (Futter)

E: 2-mal 20 x 25 cm (Innenfach)

F: 2-mal 10 x 37 cm (Außentasche Querstreifen)
    2-mal Vorlage C-e (Futter)
    1-mal Vorlage C-d (Futter Boden)
    2-mal 5 x 60 cm (Gurtband, Kanten ohne Nahtzugabe)

G: 2-mal 10 x 37 cm (Außentasche Querstreifen)
    2-mal Vorlage C-e (Außentasche)
    1-mal Vorlage C-d (Außentasche Boden)

VORBEREITEN

- Vorderes Außentaschenteil aus Stoff A, C und B laut Vorlage C-e zusammensetzen. Nahtzugaben in eine Richtung bügeln.
- Die Volumenvliese auf die Schnittteile der Außentasche stecken. Das Verstärkungsvlies auf die Futterteile bügeln, den mittleren Bereich, in dem der Magnetdruckknopf angebracht wird (innen), mit einen zusätzlichen Vliesstreifen verstärken.

- Den Gurtbandstreifen aus Stoff A mit dem Vliesstreifen verstärken, mit 1 cm Abstand vom Rand aufbügeln, mit dem Streifen aus Stoff B längs zusammennähen.

SO WIRD'S GEMACHT

Außentasche
Den Streifen für die Taschenrückseite aus Stoff B aufnähen, dafür die Nahtzugaben nach innen bügeln, den Streifen im Bereich des gegenüberliegenden gelben Streifens im rechten Winkel zur Oberkante feststecken und knappkantig aufsteppen (siehe Foto 1). Stoffteile und Volumenvliese durch beliebige Steppnähte in verschiedenen Farben verbinden (siehe Foto 2). Die Querstreifen an die Oberkante von Schnittteil C-e nähen und die Außentasche zusammenfügen, wie für das Grundmodell auf Seite 30–33 beschrieben, und das Vlies etwas zurückschneiden.

Futter
Das Innenfach im Futterteil einnähen und das Schlüsselband anbringen (siehe Inneneinrichtung, Punkt 2 und 3).
Die Querstreifen an die Oberkante von Schnittteil C-b nähen und das Futter wie die Außentasche zusammenfügen, jedoch eine Wendeöffnung von 12 cm aussparen.

Tragegurte
Schultergurte nähen (siehe Tragevorrichtungen, Punkt 2) und mit einem Abstand von 13 cm, wie für das Grundmodell beschrieben, annähen.

Anstecker nähen (siehe Gestaltung, Punkt 5).

Fertigstellen
Die Tasche fertigstellen, wie für das Grundmodell beschrieben, darüber hinaus in dem Bereich, in dem der Querstreifen auf Schnittteil C-e trifft, die Nahtzugabe bis kurz vor den Nähten einschneiden, die Kanten auseinanderbügeln und knappkantig absteppen. Den Anstecker nach Belieben anbringen.

PASPELMOND-TASCHE

Größe: 30 x 40 x 14 cm (BxHxT) · Vorlage C-a/b (Bogen D) · Aufwand **

MATERIAL

- A: 45 x 145 cm Bibernylon, grau
- B: 35 x 145 cm Bibernylon, fuchsia
- C: 10 x 110 cm Baumwolle, rosa
- D: 10 x 10 cm festes aufbügelbares Vlies
- 18 cm Reißverschluss
- 20 cm Gummiband, 15 mm (Schlüsselband)
- 1 Karabinerhaken, 1,5 cm
- 1 Magnetdruckknopf

ZUSCHNEIDEN

Maße inkl. 1 cm Nahtzugabe, Angaben in Länge x Breite.

A: 4-mal 10 x 30 cm (Außentasche Querstreifen)
    10-mal 34 x 7 cm (Außentasche Mittelteil)
    4-mal 34 x 10 cm (Außentasche Seitenstreifen)
    1-mal Vorlage C-a (Boden)
    1-mal 20 x 25 cm (RV-Innenfach)
    2-mal 65 x 5 cm (Gurtband)
B: 2-mal Vorlage C-b (Futter)
    1-mal Vorlage C-a (Boden)
    1-mal 4 x 22 cm (RV-Besatzstreifen)
    2-mal 65 x 5 cm (Gurtband)
C: 8-mal 4–6 cm x 20–25 cm (Paspelstreifen)

VORBEREITEN

- Vliesrest am inneren Querstreifen im Bereich des Magnetdruckknopfes, mittig und ca. 3 cm von der Oberkante entfernt, vorsichtig auf die Rückseite aufbügeln.
- Die Paspelstreifen aus Stoff C längs zur Hälfte falten, an die 8 Mittelteil-Steifen mondartig anstecken, dabei die Positionen abwechslungsreich verteilen (siehe Gestaltung, Punkt 7). Anfang und Ende der Paspeln befinden sich somit an der Schnittkante und werden mit eingefasst. Der Abstand zum oberen und unteren Rand sollte auf der Nahtlinie mindestens 2,5 cm betragen. Die einzelnen Paspelstreifen an den Mittelteilstreifen mit 0,7 cm Abstand zur Kante festnähen. Jeweils 5 Streifen so zusammennähen, dass die Paspeln in der Mitte liegen, die Nahtzugaben beliebig, jedoch jeweils in eine Richtung streichen und absteppen.

SO WIRD'S GEMACHT

Außentasche und Futter
Wie für das Grundmodell auf Seite 30–33 beschrieben, nähen.

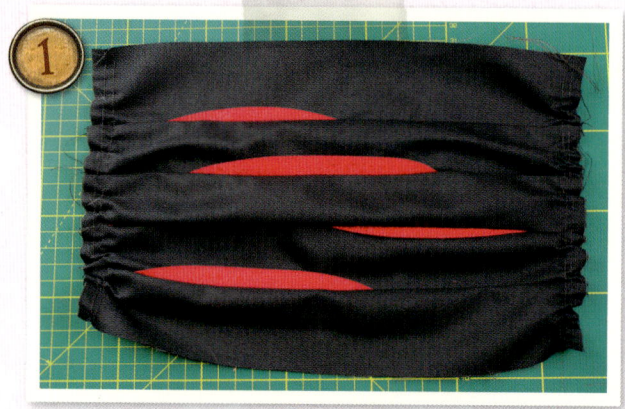

Gurtband
Jeweils einen grauen und einen fuchsiafarbenen Steifen rechts auf rechts aufeinanderlegen, an den langen Kanten zusammennähen und wenden (siehe Tipp unter Tragevorrichtungen, Punkt 2). Das Gurtband schmalkantig absteppen und evtl. mit zusätzlichen Ziernähen versehen. Die Tragegurte an der Oberkante der Außentasche mit 12 cm Abstand zwischen beiden Ansätzen im Nahtzugabenbereich annähen, das Ende ragt dabei 1 cm ins Innere.

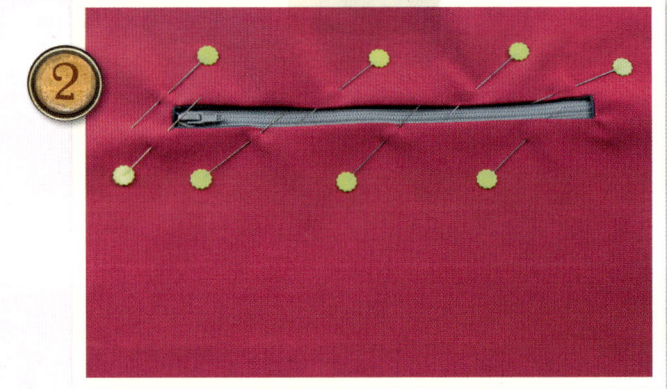

Fertigstellen
Die Tasche fertigstellen, wie für das Grundmodell beschrieben).

KURZREISETASCHE

Größe: 53 x 41 x 15 cm (BxHxT) · Vorlage C-f/g (Bogen C) · Aufwand **

MATERIAL

- A: 80 x 150 cm Eta Proof 200
- B: 35 cm x 110 cm Cordstoff (soll die Tasche ringsum wetterfest werden, hier ebenfalls den Stoff A, evtl. mit einer anderen Farbe kombiniert, verwenden)
- C: 20 x 110 cm oder einen Rest Baumwolle (Innenfach)
- D: 43 x 13 cm aufbügelbare, leichte lederähnliche Einlage
- 60 cm Reißverschluss (RV)
- 130 cm Gurtband, 5 cm breit
- 15 cm Gummikordel
- 1 länglicher Knopf, ca. 40 mm lang

ZUSCHNEIDEN

Maße und Vorlagen inkl. 1 cm Nahtzugabe, Angaben in Länge x Breite. Hinweis: Die Oberseite auf allen Teilen beim Zuschneiden mit Kreide markieren. Für den Zuschnitt Skizze 1 beachten.

A: 4-mal 10 x 55 cm (Querstreifen)
    4-mal 35 x 15 cm (Außentasche Seitenstreifen)
    4-mal 3,5 x 5 cm (RV-Ansatzstücke)
    2-mal Vorlage C-f (Boden)
    2-mal Vorlage C-g (Futter)
B: 2-mal 35 x 65 cm (Außentasche Mittelstück, Strichrichtung markieren!)
C: 1-mal 20 x 60 cm (Innenfach)

Ohne Nahtzugabe zuschneiden:
D: 1-mal Vorlage C-f (Boden)

VORBEREITEN

- Die Bügelanweisung beachten, an einem Reststück ausprobieren und im Folgenden stets mit Tuch bügeln.

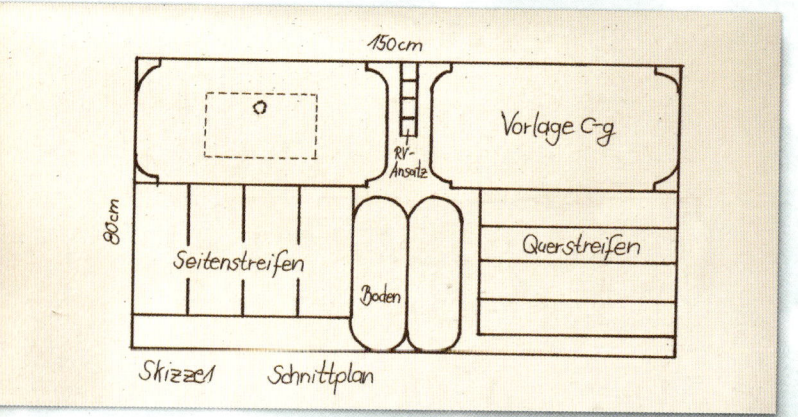

Skizze 1 Schnittplan

43

- Eines der Bodenteile mit Vlies verstärken, vorsichtig mit Tuch aufbügeln.
- Cordstoffteile ringsum mit Zickzack versäubern.
- Mittelstück aus Stoff B laut Skizze in Falten legen, feststecken und mit einer Naht, 0,75 cm von der Kante entfernt, fixieren (fertige Breite 28 cm, siehe Skizze 2 und Foto 1).

Tipp: Beim Zusammenstecken der Schnittteile dünne Stecknadeln oder besser Foldback-Klammern verwenden, damit keine unnötigen Löcher in dem wetterfesten Stoff entstehen.

SO WIRD'S GEMACHT

Außentasche
Die Seitenstreifen seitlich an den Mittelteilen rechts auf rechts annähen, den Querstreifen annähen (dabei die Strichrichtung des Cordstoffes beachten) und die Außentasche zusammenfügen, wie für das Grundmodell auf Seite 30–33 beschrieben.

Innenfach
Den Zuschnitt rechts auf rechts zusammenlegen (auf 20 x 30 cm). Das Innenfach nähen und auf Schnittteil C-g aus Futterstoff, z.B. mit einem Zickzack-Zierstich, festnähen (siehe Innengestaltung, Punkt 1). An der oberen Kante des Futterteils auf der Nahzugabe die zur Schlaufe gelegte Gummikordel annähen. Den Knopf auf dem Innenfach annähen (siehe Foto 2).

Reißverschluss einsetzen
Den Reißverschluss am offenen Ende zusammennähen. Die Ansatzstücke aus Stoff A an beiden Reißverschlussenden jeweils oben und unten annähen, umschlagen und absteppen (fertige Länge des Reißverschluss-Streifens ca. 55 cm). An beiden Seiten dieses Streifens, und zwar auf der Seite, auf der sich der Zipper im geschlossenen Zustand befindet, einen Querstreifen ansetzen. Entlang des Reißverschlusses (der Reißverschluss-Streifen liegt beim Nähen oben, der Querstreifen unten) mit einem RV-Füßchen oder verstellter Nadelposition annähen. Als nächstes jeweils das Schnittteil C-g an beiden Seiten des Reißverschlusses ansetzen und festnähen. Das Innenfach sollte sich hinten befinden, wenn der Reißverschluss von links nach rechts geöffnet wird (evtl. feststecken und probieren). Nun erst die Stoffkante am Reißverschluss von oben absteppen, dafür jeweils den unteren Taschenteil (Schnittteil C-g) zurückklappen und nicht mitnähen (siehe Foto 3 und 4).

Futter
Futterteile rechts auf rechts legen, den Reißverschlussansatz gefaltet nach unten knicken. Die Seiten schließen, dabei eine Wendeöffnung von 13 cm aussparen. Den Boden einsetzen, wie für das Grundmodell beschrieben.

Fertigstellen

Je Seite 65 cm Gurtband mittig, mit 15 cm Abstand zwischen beiden Enden, im Nahtzugabenbereich annähen, das Ende ragt 1 cm in die Tasche hinein. Den Reißverschluss vorher öffnen und das Futter rechts auf rechts in die Außentasche stecken. An der Oberkante ringsum zusammennähen, die Tasche auf rechts wenden, die Wendeöffnung schließen und die Oberkante absteppen.

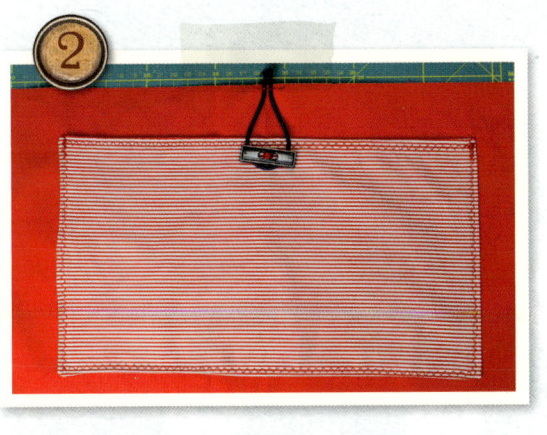

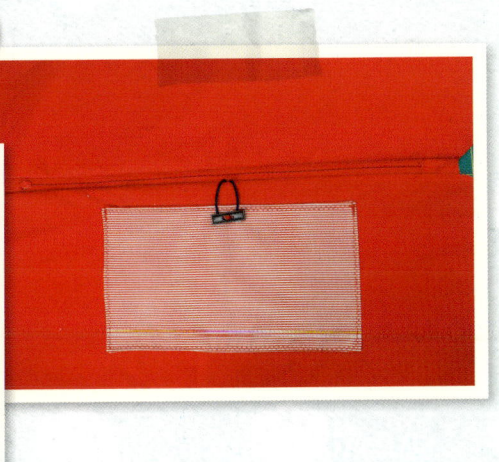

GRUNDMODELL D: „DIE RUNDE"

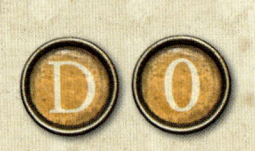

BEUTELTÄSCHCHEN
Größe: 15 x 27 x 15 cm (BxHxT) · Vorlage D-a (Bogen A) · Aufwand **

MATERIAL

- A: 40 x 148 cm Feincord (Variante: gemusterter Leinen)
- B: 20 x 20 cm fester Webstoff (Variante: schwarzer Köperstoff) (Boden)
- C: 20 x 110 cm Seide (Futter)
- D: 25 x 116 cm einnähbares, verfestigtes Volumenvlies
- E: 15 x 15 cm aufbügelbare, leichte lederähnliche Einlage
- 40 cm aufbügelbare Bundeinlage mit Stanzlinien (fertige Breite 2,5 cm) (Handgriff)
- 50 cm Zierborte Variante: 25 cm Satinband
- Rest Füllwatte

ZUSCHNEIDEN

Maße inkl. 1 cm Nahtzugabe, Angaben in Länge x Breite. **Hinweis:** Bei allen Zuschnitten aus Cord die Strichrichtung beachten.

A: 1-mal 33 x 44 cm (Außenbeutel, Seitenteil 1)
 1-mal 40 x 7 cm (Handschlaufe)
 5-mal 4,5 x 6 cm (Tunnelschlaufen)
 2-mal 7 x 10 cm (Kordelenden)
 1-mal Vorlage D-a (Bodenteil, Futter)
B: 1-mal Vorlage D-a (Bodenteil)
C: 1-mal 23 x 44 cm (Futter, Seitenteil 2)
D: 1-mal 28 x 44 cm

Ohne Nahtzugabe zuschneiden:
E: 1-mal Vorlage D-a

VORBEREITEN

- Die Seitenteile 1 und 2, die Tunnelschlaufen und das Bodenteil aus Webstoff versäubern.
- Das Volumenvlies bündig an der Unterkante feststecken oder -heften, Bundfix auf den Handschlaufenstreifen und die Einlage auf den Boden aus Stoff B (jeweils auf die Stoffrückseiten) aufbügeln.

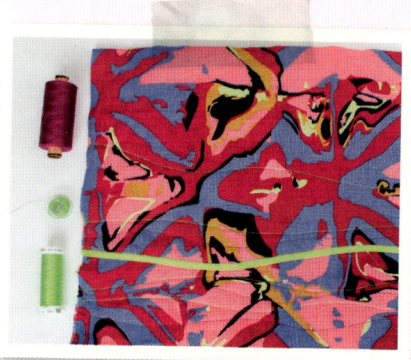

SO WIRD'S GEMACHT

Außenbeutel und Futter

Borte oder Satinband in Wellenlinien auf Teil 2 feststecken und aufnähen. Zusätzliche Wellenlinien absteppen (siehe Skizze oder Foto).
Für den Kordeltunnel 5 Schlaufen herstellen, dafür seitlich die Nahtzugaben einschlagen und beidseitig absteppen (fertige Breite 2,5 cm). Die Enden der Streifen 1 cm nach innen umschlagen (fertige Länge 3,5 cm) und an der Außentasche 12 cm von der Oberkante entfernt und gleichmäßig verteilt (also mit ca. 6,5 cm Abstand voneinander) annähen (siehe Skizze unten).
Die folgenden Nähte des Außenbeutels jeweils doppelt nähen. Jeweils die Seitenteile des Außenbeutels (Teil 1) und des Futters (Teil 2) rechts auf rechts legen und die Seitenkanten zusammennähen, bei der Futternaht jedoch eine Wendeöffnung von 10 cm aussparen. Die Nahtzugaben auseinanderstreichen.

Boden

Die Beutelbodenkanten am Boden und an den Seitenteilen jeweils in Abschnitte teilen, die Viertel markieren und rechts auf rechts feststecken, dafür die Markierungen aneinander ausrichten. Anschließend die Zwischenräume zusammenstecken und das Bodenteil annähen. Langsam nähen und eventuelle Falten des Seitenteils ausgleichen.

Handschlaufe

Aus dem mit Bundfix verstärkten Streifen die Handschlaufe herstellen, dafür den Streifen falten, Nahtzugaben nach innen schlagen und an den Kanten absteppen, zusätzliche Steppnähte zum Verzieren ergänzen. Die Handschlaufe zur Hälfte gelegt, kantenbündig im Bereich der Seitennaht annähen, die Nahtzugabe ragt dabei 1 cm über die Kante.

Fertigstellen

Beutel und Futter rechts auf rechts übereinanderziehen, an der Kante bündig ausrichten und ringsum zusammennähen. Den Beutel auf rechts wenden, die Wendeöffnung schließen und die Oberkante, also dort, wo der Vliesstreifen endet, absteppen. Entlang der Ansatzkante von Futter (Stoff A) und Außenstoff (Stoff C) nähen, die Handschlaufe zeigt dabei nach oben. Die Kordelenden nähen (siehe Verschlüsse, Punkt 4) und durch die Schlaufen ziehen.

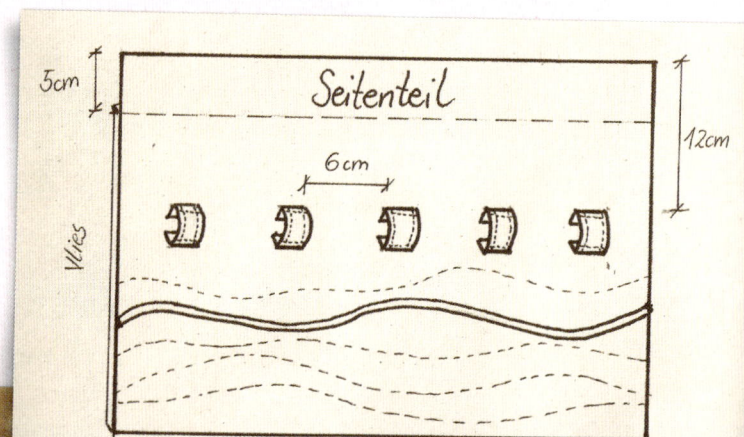

BAGUETTE-TRANSPORTEUR

D 1

Größe: Ø 14 cm, 63 cm lang · Vorlage D-d (Bogen A) · Aufwand *

MATERIAL

Bei den Maßen ist berücksichtigt, dass die Stoffe vorgewaschen werden und bis zu 10 % einlaufen.
- A: 30 x 150 cm Leinen, gestreift
- B: 30 x 150 cm Leinen, gemustert
- C: 15 x 150 cm Leinen, uni
- 250 cm Baumwollkordel, Ø 4 mm (oder 60 cm Ø 7 mm)
- 1 Kordelstopper (passend zur Kordeldicke)
- 50 cm Schrägband
- 1 Stoffmalstift, schwarz
- Alphabet-Schablone (alternativ handschriftlicher Schriftzug)

VORBEREITEN

- Schriftzug „BAGUETTE" mit dem Stoffmalstift aufbringen, dafür die Buchstaben zunächst auf Papier vorzeichnen, um die Länge zu überprüfen. Den Stift auf dem Stoff senkrecht halten, mit den Konturen in den Ecken beginnen, Punkt für Punkt anzeichnen, anschließend die Mitte gleichmäßig schraffieren. Die Farbe durch Bügeln gemäß Herstellerangaben fixieren. Den Stoff mit ringsum 0,5 cm Abstand zur Schrift zuschneiden (siehe Skizze).
- Den Zuschnitt für den Kordeltunnel ringsum mit Zickzackstich versäubern.

ZUSCHNEIDEN

Maße inkl. 1 cm Nahtzugabe, Angaben in Länge x Breite.
A: 1-mal 25 x 42,5 cm (Teil 1)
   1-mal 11 x 37 cm (Teil 4)
B: 1-mal 26 x 37 cm (Teil 2)
   1-mal 14 x 46 cm (Kordeltunnel)
   2-mal Vorlage D-d (Boden)
C: 1-mal 10 x 37 cm (Teil 3, erst nach dem Beschriften zuschneiden, siehe „Vorbereiten")

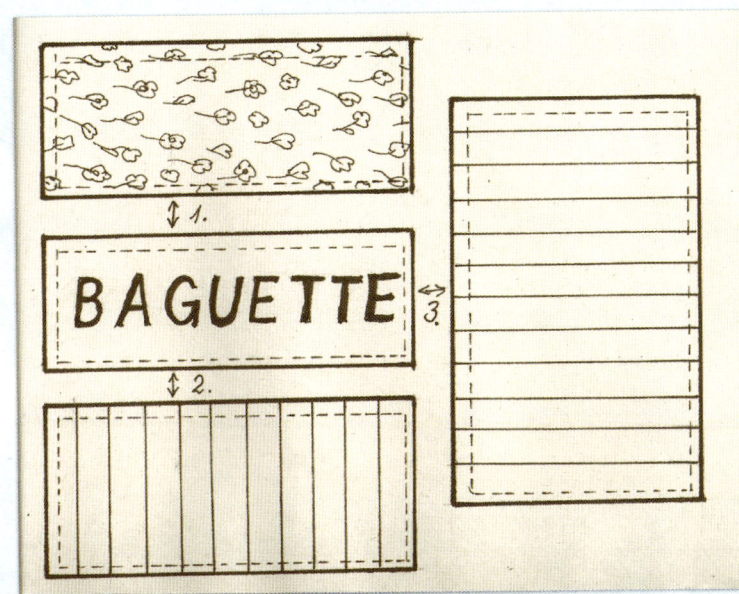

SO WIRD'S GEMACHT

Beutel

Die Teile 2, 3 und 4 für den unteren Beutelteil mit Kappnähten (siehe Kasten) aneinandernähen, anschließend Teil 1 ebenfalls mit einer Kappnaht ansetzen (fertiges Maß 60,5 x 40 cm).
Als nächstes das Teil zu einem Ring schließen, dafür die lange Kante mit einer Kappnaht zusammennähen (= hintere Naht). Den „Schlauch" über den Freiarm der Nähmaschine ziehen, bis zur Mitte nähen und die Naht von der anderen Seite aus fortsetzen (siehe Foto 1). An der unteren Kante den Schlauch, von der hinteren Naht aus, in 4 Abschnitte teilen (= Mitten).

Boden

Die beiden Kreiszuschnitte links auf links aufeinanderlegen und ringsum mit 0,75 cm Nahtzugabe zusammennähen. Boden nähen, wie für das Grundmodell auf Seite 46–48 beschrieben. Die offenen Stoffkanten mit Schrägband einfassen. Dafür das Band an einer Falzkante festnähen. Zu Beginn das Schrägband 3 cm überstehen lassen, die Enden am Schluss der Runde überlappen lassen, dabei das untenliegende Ende nach innen umschlagen (siehe Foto 2). Das Schrägband um die Kante herum legen und feststeppen. Den Beutel auf rechts wenden.

Kordeltunnel

Mit dem Streifen aus Stoff B die Taschenoberkante einfassen, den Umfang von Beuteloberkante und Kordeltunnel vergleichen, ggf. korrigieren. Das Schnittteil zunächst an der schmalen Kante rechts auf rechts zusammennähen, das heißt 1,5 cm nähen, 2 cm für die Kordelöffnung überspringen und dann

die Naht fortsetzen. Die Nahtenden verriegeln. Die Nahtzugaben auseinanderbügeln und absteppen. Die vordere Kante des Streifens (die Hälfte mit Tunnelöffnung) bündig an die Beuteloberkante legen und rechts auf rechts annähen. Die Nahtzugabe der noch offenen Kante nach links bügeln, den angenähten Streifen bis zur Anstoßkante nach innen schlagen und feststeppen. Den Kordeltunnel ringsum mit 2 Nähten im Abstand von 1,5 cm (über und unter der Öffnung in der Seitennaht) ringsum absteppen.

Fertigstellen

2 dünne Kordeln miteinander verdrehen (alternativ 1 dicke), mit Knoten oder Gummiband fixieren und durch den Tunnel ziehen. Einen Kordelstopper aufziehen und die Enden verknoten (siehe Verschlüsse, Punkt 4).

KAPPNAHT

1. Mit einem Kopierrad ohne Zacken oder Schneiderkreide eine Linie im Abstand von 0,7 cm zur Schnittkante markieren.
2. Das anzunähende Stoffstück rechts auf rechts an der markierten Linie anlegen und mit 0,75 cm zur obenliegenden Stoffkante zusammennähen.
3. Naht mit dem Daumen oder einem Nahtausstreicher auseinanderstreichen, dann zu der Seite klappen, an der sich die schmalere Nahtzugabe befindet.
4. Überstehende Nahtzugabe einschlagen und so umklappen, dass die offenen Kanten innen verdeckt werden.
5. Die zweite Naht knappkantig nähen, ein Kantenfüßchen ist dabei hilfreich. Auf der rechten Seite des Stoffstücks ist eine Naht zu sehen, auf der linken sind es zwei (siehe Foto 1).

Hinweis: An einer der beiden Kanten ist die Nahtzugabe 0,75 cm, an der anderen etwa 1,5 cm. Die Kappnaht sollte in die gleiche Richtung umgeschlagen werden.

D2 SEESACK

Größe: Ø 24 cm, 50 cm hoch · Vorlage D-c (Bogen A) · Aufwand **

MATERIAL

- A: 30 x 135 cm Stoff für Regenbekleidung, dunkelblau/marine
- B: 55 x 135 cm Stoff für Regenbekleidung, mittelblau/kobalt
- C: 55 x 135 cm Stoff für Regenbekleidung, grün/lime (Futter)
- D: 10 x 135 cm Stoff für Regenbekleidung, rot
- E: 25 x 25 cm aufbügelbare, leichte lederähnliche Einlage
- doppelseitiges Klebeband als Nähhilfe, 4 mm breit
- 20 cm Gurtband, 2 cm breit (Kordelschlaufen)
- 20 cm Reißverschluss
- 00 cm Kordel Ø 1 mm (Paspel)
- 3-mal 110 cm Kordel Ø 5 mm in Rot, Grün und Blau

ZUSCHNEIDEN

Maße inkl. 1 cm Nahtzugabe, Angaben in Länge x Breite.

A: 2-mal Vorlage D-c (Boden Außenbeutel)
   30 x 82 cm (Außenfach)
B: 55 x 82 cm (Seitenteil Außenbeutel)
C: 55 x 82 cm (Futter)
   1-mal Vorlage D-c (Boden Futter)
   4 x 25 cm (RV-Streifen Innenfach)
   20 x 25 cm (Innenfach)
D: 1-mal 3,5 x 85 cm (Paspel)

Ohne Nahtzugabe zuschneiden:
E: 1-mal Vorlage D-c

VORBEREITEN

- Fische laut Skizze in beliebiger Menge und Größe in Stoff C und D zuschneiden. Klebestreifen auf die Rückseiten der Fische und auf die Oberseite des Reißverschlusses aufbringen (siehe Foto 1).
- Bodenverstärkung zwischen die Bodenteile aus Stoff A legen, mit Klebestreifen fixieren und ringsum knappkantig zusammennähen.

Tipp: Stoffe für Regenbekleidung sind beschichtet. Die Teile nicht mit Stecknadeln zusammenstecken, da die Löcher sichtbar bleiben. Stattdessen z. B. Foldback-Klammern benutzen, Teile können aber auch an manchen Stellen, wie z. B. bei den Fischen oder dem Reißverschluss aneinander geklebt werden. Eine große Stichlänge von ca. 3,5 wählen.

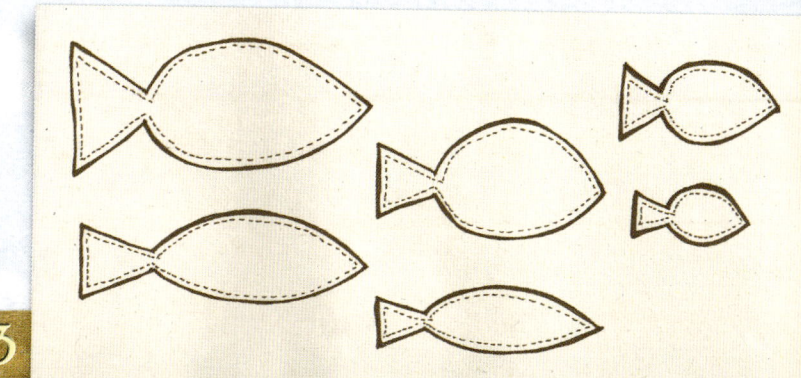

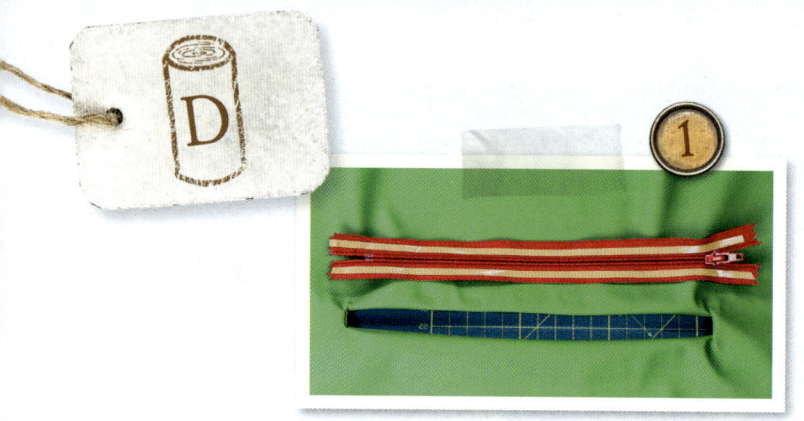

SO WIRD'S GEMACHT

Aufgesetzte Außentasche

Fische auf dem Außenfachstreifen im mittleren Drittel mit einem Mindestabstand von 5 cm zur oberen und unteren Kante aufkleben und knappkantig ringsum feststeppen, Fadenenden nach innen ziehen und miteinander verknoten. Die Oberkante 1 cm nach innen schlagen und absteppen, mit der Unterkante bündig auf das Seitenteil der Außentasche aus Stoff B legen und seitlich und unten mit 0,75 cm Nahtzugabe zusammennähen. Für die Taschenfächer die aufgesetzte Tasche rechts und links der applizierten Fische mit ca. 26 cm Abstand vertikal durchsteppen.

Schlaufen für die Kordel

Je 8 cm Gurtband zur Hälfte legen und mit 10 cm Abstand zu den Ecken an der Unterkante des Seitenteils im Bereich der Nahtzugaben annähen.

Außenbeutel

Das Seitenteil rechts auf rechts zu einem Ring schließen und die Seitenkante wie folgt zusammennähen: An der Oberkante beginnen, 3,5 cm nähen, für die Kordelöffnung 2,5 cm überspringen, anschließend bis zur Unterkante nähen, dabei Nahtanfänge und -enden jeweils verriegeln.

Die Paspel an der Unterkante des Seitenteils anbringen, in der Nähe der hinteren Naht beginnen, damit Kordel- und Streifenenden im Bereich der hinteren Naht aufeinanderstoßen (siehe Gestaltung, Punkt 7). Boden einsetzen, wie für das Grundmodell auf Seite 46–48 beschrieben, und neben der Paspelnaht, die dann im Inneren liegt, annähen (siehe Foto 2).

Futter

Das Innenfach mit 20 cm Abstand zur Oberkante einnähen (siehe Inneneinrichtung, Punkt 2 und Foto 1). Die Seitennaht schließen, jedoch eine Wendeöffnung von 12 cm aussparen. Den Boden einsetzen.

Fertigstellen

Den Beutel, fertigstellen, wie für das Grundmodell beschrieben. Für den Tunnel 2 Nähte mit 2,5 und 5 cm Abstand zur Oberkante, also über und unter der Öffnung für die Kordel, ringsum absteppen. Für das Trageband die 3 Kordeln mit einem Gummiband zusammenbinden, zu 1 Kordel verflechten und durch eine Schlaufe an der Beutelunterkante, durch den Tunnel und durch die zweite Schlaufe ziehen. Dann erst die Enden mit einem Knoten sichern (siehe Verschlüsse, Punkt 4).

D3 FLASCHENTASCHE

Größe: Ø 9 cm, 28 cm hoch · Vorlage D-d (Bogen A) · Aufwand *

MATERIAL

- A: 30 x 90 cm dünnes Wachstuch
- B: 30 x 114 cm einnähbares, verfestigtes Volumenvlies

ZUSCHNEIDEN

Maße inkl. 1 cm Nahtzugabe, Angaben in Länge x Breite. Beim Zuschneiden die Musterung beachten, der Fadenlauf spielt keine Rolle. **Hinweis:** Nähtipps für Wachstuch auf Seite 3 beachten.

A: 2-mal 37 x 30 cm (Seitenteile)
   2-mal Vorlage D-d (Bodenteile)
   2-mal 5 x 24 cm (Tragebänder)
B: 1-mal 37 x 30 cm (Seitenteil Futter)
   1-mal Vorlage D-d (Boden Futter)

VORBEREITEN

- Das Vlies mit den entsprechenden Zuschnitten mit Hilfe einer Foldback-Klammer zusammenklemmen.

SO WIRD'S GEMACHT

Außenbeutel und Futter

Die Seitenteile rechts auf rechts zu einem Ring schließen und die Seitennaht schließen (Ringlänge = 30 cm). Das Futter genauso nähen, jedoch das Vlies mit einnähen, eine Wendeöffnung von 10 cm aussparen und die Nahtzugaben etwas zurückschneiden. Jeweils den Boden rechts auf rechts an der Unterkante feststecken, dafür 4 Viertel-Markierungen anzeichnen, und ringsum einnähen (siehe Foto).

Tragegriffe

Die seitlichen Nahtzugaben einschlagen, den Streifen jeweils zur Hälfte falten und absteppen. Mit 4 cm Zwischenraum zwischen den Gurtbandenden an der oberen Taschenkante seitlich gegenüberliegend annähen, dabei die offene Kante 1 cm über die Schnittkante hinausragen lassen.

Fertigstellen

Beutel fertigstellen, wie für das Grundmodell auf Seite 46–48 beschrieben, jedoch ohne Knopf und Kordeln.

 # YOGAMATTEN-TASCHE

Größe: Ø 23 cm, 63 cm lang · Vorlage D-e (Bogen A) · Aufwand ✱✱

MATERIAL

- A: 70 x 110 cm Baumwoll-Webstoff
- B: 70 x 110 cm Baumwollstoff
- C: 70 x 116 cm einnähbares, verfestigtes Volumenvlies
- D: 25 x 50 cm aufbügelbare, leichte lederähnliche Einlage
- 70 cm Endlosreißverschluss mit 1 Zipper
- 250 cm Gurtband, 3 cm breit (Tragegurt, Schlaufen)
- 2 Schnallen und 2 Schlaufen, oder 4 Schnallen, 3 cm breit (Tragegurt)
- 25 cm Gurtband, 2 cm breit (Handgriffe)
- 150 cm Schrägband

ZUSCHNEIDEN

Maße inkl. 1 cm Nahtzugabe, Angaben in Länge x Breite.

A: 2-mal 66 x 34 cm (Seiten Außentasche)
  2-mal 9 x 8 cm (Schlaufen am Reißverschlussende)
  2-mal Vorlage D-e (Boden Außentasche)
B: 2-mal 66 x 36 cm (Seiten Futter)
  1-mal 66 x 7 cm (Streifen Außentasche)
  2-mal Vorlage D-e (Boden Futter)
  1-mal 48 x 18 cm (Innenfach)
C: 1-mal 66 x 33 cm (Seite Außentasche)
  1-mal 66 x 38 cm (Seite Außentasche)
  2-mal Vorlage D-e (Böden)

Ohne Nahtzugabe zuschneiden:
D: 2-mal Vorlage D-e

VORBEREITEN

- Streifen aus Stoff B an ein Außentaschenteil aus Stoff A nähen, Nahtzugabe in eine Richtung bügeln.
- Die beiden Seitenteile der Außentasche mit den passenden Teilen aus Vlies C zusammenstecken. Für die Böden das Vliesteil zwischen Außenstoff und Futter stecken. Bei allen Teilen die Schichten mit zum Muster passenden Stepplinien, z.B. in Wellen, zusammensteppen.

SO WIRD'S GEMACHT

Innenfach

Das Innenfach (siehe Inneneinrichtung, Punkt 1) schräg auf einen Futterstreifen aufsteppen, der Abstand zu der Seite, an die der Reißverschluss angenäht wird, sollte 5 cm betragen, die Oberkante des Faches zeigt nach oben (siehe Skizze).

Reißverschluss

Das offene Ende des Reißverschlusses quer absteppen. An beiden Reißverschlussseiten ein Seitenteil rechts auf rechts annähen, dabei die Musterrichtung beachten, der Streifen aus Stoff B liegt auf der anderen Seite. Auf der Unterseite des Reißverschlusses jeweils die Futterstreifen annähen, dabei knapp neben der ersten Naht, also 1–2 mm weiter vom Reißverschluss entfernt, nähen. Die Stoffkanten der Außenseitenteile von oben absteppen, dabei das Futter jedoch wegklappen und nicht mit absteppen.

Schlaufen

Die Zuschnitte jeweils rechts auf rechts zur Hälfte legen (auf 9 x 4 cm) und an den Seiten zu 2 Tunneln

Tipp: Mit einem Stoffmalstift auf das Innenfach einen Spruch oder ein schönes Wort schreiben.

zusammennähen, auf rechts wenden, bügeln. Die beiden Schlaufen zur Hälfte zusammenklappen, an die Enden des Reißverschlusses stecken (Schnittkanten zeigen nach außen) und mit 64 cm Abstand zueinander aufnähen.

Außentasche und Futter

Jeweils die hinteren Kanten der Seitenteile zusammennähen, dafür zunächst die Maße kontrollieren: Das Futter sollte im Umfang gleich groß oder max. 1 cm kleiner sein. An der Außentasche die Nahtzugabe in eine Richtung bügeln und im Tunnel absteppen. Das Futter über die Außentasche ziehen, dabei entsteht ein Schlauch, bei dem der Futterstoff außen liegt. Den Reißverschluss ein kleines Stück öffnen.

Tragegurt und Handgriffe

Gurtband in 2 Stücke à 110 cm (= Tragegurt) und 2 Stücke à 10 cm (= Schlaufen) aufteilen. Die beiden langen Stücke rechts und links mit 3 cm Abstand zur Reißverschlussmitte, den Hangriffstreifen aus dem schmaleren Gurtband direkt daneben ansetzen. Die 10 cm langen Streifen zur Hälfte legen, eine Schlaufe aufziehen und mit 10 cm Abstand zur Reißverschlussmitte am anderen Ende (= unten) anstecken. Kontrolle: Ist der Zipper auf der richtigen Seite, also oben? Alle Schnittkanten liegen bündig, die Gurtbandstücke im Nahtzugabenbereich annähen.

„Seitliche" Böden

Die „seitlichen" Bodenteile in den Schlauch, bei dem das Futter außen liegt, einsetzen, wie für das Grundmodell auf Seite 46–48 beschrieben. Die Nahtzugaben mit Schrägband einfassen, wie für den Baguette-Transporteur auf Seite 50 beschrieben.

Tipp: Gleichzeitig mit den seitlichen Böden eine Paspel einnähen. Dafür aus Stoff B 2-mal 3,5 x 74 cm und 150 cm Kordel mit Ø 3 mm zuschneiden (siehe Gestaltung, Punkt 7).

Fertigstellen

Tasche auf rechts wenden. Die Schnallen auf den Tragegurt aufziehen, durch die Schlaufen ziehen und an den Schnallen annähen, Enden 2 cm umschlagen und festnähen (siehe Tragevorrichtungen, Punkt 3 und 4).

GRUNDMODELL E: „DIE WANDELBARE"

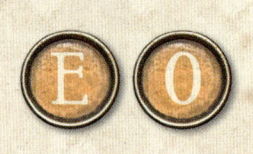

FALTBARE HANDTASCHE
Größe: 34 x 44/27/20 x 3/5/15 cm (BxHxT) · Aufwand **

MATERIAL

- A: 40 x 110 cm Baumwollstoff, gemustert
- B: 45 x 110 cm Baumwollstoff, gestreift
- C: 5 x 110 cm Baumwollstoff, uni
- D: 45 x 90 cm aufbügelbares dickes Volumenvlies
- E: 40 x 90 cm aufbügelbare stabile Fixiereinlage
- 1 Reißverschluss, 30 cm
- 2-mal 2 cm Klettverschluss
- 3 Haargummis, Umfang ca. 14 cm
- 2 Knöpfe, Ø 1 cm
- 4 Knöpfe, Ø 2 cm
- 150 cm Gurtband, 3 cm breit
- 10 cm Zierband
- 2 Karabinerhaken
- 1 Schnalle, 3 cm breit

ZUSCHNEIDEN

Maße inkl. 1 cm Nahtzugabe, Angaben in Länge x Breite.

A: 2-mal 40 x 35 cm (Außentasche)
    1-mal 40 x 25 cm (Innenfach)
B: 2-mal 42 x 35 cm (Futter)
    2-mal 7 x 35 cm (Ansatz, Außentasche)
    4-mal 6 x 6 cm (Reißverschluss-Ansatzstück)
C: 2-mal 5 x 35 cm (Ansatz, Außentasche)
    2-mal 8 x 5 cm (Schlaufen)
D: 2-mal 47 x 35 cm (Außentasche)
E: 2-mal 42 x 35 cm (Futter)
    2-mal 7 x 35 cm (Reißverschluss-Ansatzstreifen)

Variante ohne Reißverschluss:
B: 2-mal 47 x 35 cm (Futter)

VORBEREITEN

- Die Zuschnitte für die Vorder- und Rückseite (Außentasche) jeweils zusammennähen. Dafür den Ansatzstreifen aus Stoff B und C an die schmale Seite des Rechtecks aus Stoff A nähen (siehe Foto 1). Beim Annähen die Musterausrichtung beachten. Die Nahtzugaben in eine Richtung bügeln.
- Vlies D auf die zusammengesetzten Außentaschenteile bügeln und dann die Nähte absteppen.
- Vlies E auf die Futterteile und die Reißverschluss-Ansatzstreifen (Stoff E) bügeln, die kleinen Reißverschluss-Ansatzstücke (Stoff B) werden nicht verstärkt.

SO WIRD'S GEMACHT

Außentasche

Ein Haargummi teilen und an der unteren Kante eines der beiden Taschenteile im Abstand von 2 cm zur Ecke als Schlaufe mit 1,5 cm Länge kantenbündig im Bereich der Nahtzugabe annähen (siehe auch Foto 1). Die Schlaufen nähen, dafür die Streifen halbieren und mit eingeschlagenen Nahtzugaben absteppen. Ein Zierbandstück mittig aufnähen und den Streifen als Schlaufe seitlich, mit einem Abstand von 16 cm zur oberen Ecke im Bereich der Nahtzugabe annähen, die Schlaufenenden sollte 1 cm über die Kante hinaus ins Tascheninnere hineinragen, mehrere Male hin und her nähen.

Die folgenden Außennähte jeweils doppelt nähen. Vorderes und rückwärtiges Teil rechts auf rechts legen und an der Unterkante und an den Seiten zusammennähen.

Innenfach

Das Innenfach auf das hintere Futterteil, 15 cm unterhalb des Reißverschlussansatzes aufnähen (siehe Foto 3 und Kapitel Inneneinrichtung, Punkt 1).

Reißverschluss

Der Reißverschluss wird in einer Naht zwischen zwei Futterteilen eingearbeitet. Dafür zunächst das offene Reißverschlussende zusammennähen und die Reißverschluss-Ansatzstücke aus Stoff B auf der Ober- und Unterseite des Reißverschlusses annähen (siehe Foto 1). Der Abstand der beiden Nähte, also die Länge des Reißverschlusses nach dem Annähen der Stücke, beträgt 27 cm. Reißverschluss-Ansatzstücke umschlagen und absteppen. Achtung: Im Bereich der Reißverschlusszähnchen sehr vorsichtig nähen, ggf. das Handrad der Nähmaschine benutzen.

Als nächstes die Reißverschluss-Ansatzstreifen (Stoff E) seitlich ansetzen, der Reißverschlusszipper liegt oben (siehe Foto 2). Mit einem Reißverschlussfüßchen oder verstellter Nadelposition zusammennähen.

Auf der unteren Seite des Reißverschlussstreifens jetzt die Futterteile anstecken (siehe Foto 3). Die rechte Stoffseite des Futters liegt an der Unterseite des Reißverschlusses. Wieder mit einem Reißverschlussfüßchen oder verstellter Nadelposition nähen (siehe Foto 4).

Von der oberen Seite wird die Kante neben dem Reißverschluss abgesteppt, dafür nur den oberen Ansatzstreifen umschlagen und entlang der Kante nähen. Das Futter wird nicht mit abgesteppt. Die gegenüberliegende Reißverschlussseite gegengleich arbeiten (siehe Foto 5).

Futter

Die Futterteile rechts auf rechts legen, dabei legen sich die Reißverschlussendstücke nach unten und werden in der Seitennaht mit eingefasst. Die Seiten und die Unterkante bis auf eine Wendeöffnung von 12 cm zusammennähen.

Fertigstellen

Das Futter wenden und rechts auf rechts in die Außentasche stecken. Die Tasche an der Oberkante zusammennähen und durch die Wendeöffnung auf rechts wenden. Die Oberkante absteppen.

An jeder Seite 2 Knöpfe mit Ø 2 cm jeweils 2,5 cm von der Seitennaht und 1,5 cm vom oberen Rand entfernt annähen, die Haargummis evtl. mit einer Umwicklung um den Knopf anbringen.

Am Boden die beiden kleinen Knöpfe mit 10 cm Abstand zur Ecke annähen. Die Bodenecken nach Belieben einschlagen.

Einen der beiden Karabinerhaken an das Gurtband nähen, das Ende um- und einschlagen, dann die Schnalle aufziehen, durch den zweiten Karabinerhaken ziehen und am Steg der Schnalle wieder mit Einschlag/Umschlag festnähen. Das Gurtband bei aufgefalteter Tasche mit Gumibändern fixieren (siehe Foto auf Seite 63) und an den Schlaufen der Tasche anbringen.

VESPER-TÄSCHCHEN

Größe: 28 x 18/26 x 8 cm (BxHxT) · Vorlage E-a (Bogen D) · Aufwand *

MATERIAL

- A: 35 x 110 cm beschichtete Baumwolle, getupft
- B: 50 x 110 cm beschichtete Baumwolle, mit Sternmotiv
- C: 5 x 30 cm aufbügelbare stabile Fixiereinlage (Klettbandverstärkung)
- D: 10 x 10 cm Vliesofix
- 13 cm Klettband, 2 cm breit
- 2-mal 35 cm Gurtband, 2 cm breit

ZUSCHNEIDEN

Maße inkl. 1 cm Nahtzugabe, Angaben in Länge x Breite.

A: 2-mal 35 x 30 cm (unterer Teil Außentasche/Futter)
B: 1-mal 50 x 58 cm (oberer Teil Außentasche/Futter)
   16 x 30 cm (Innenfach für Kaugummi)
   1-mal Vorlage E-a (Applikation)
C: 2-mal 5 x 10 cm (Klettbandverstärkung)
D: 1-mal Vorlage E-a (Applikation)

VORBEREITEN

- Vlies C zur Verstärkung hinter die Klettbänder entsprechend der Skizze auf die Rückseite von Stoff B anbringen.
- Vlies D auf die Rückseite des Sterns bügeln, das Trägerpapier abziehen und den Stern 8 cm von der Seitenkante und 2,5 cm von der Oberkante entfernt auf das Teil aus Stoff A aufbügeln (= Außentasche).

SO WIRD'S GEMACHT

Klettverschluss

Die Klettband-Hakenseite 5 cm mit 1,5 cm Abstand zur Unterkante, die Flauschseite mit 14 cm Abstand auf den Zuschnitt aus Stoff B nähen (= oberer Teil Außentasche). Klettbandstreifen nicht zu knappkantig und an den Enden mit doppelter Naht aufsteppen (siehe Skizze).

Applikation

Den aufgebügelten Stern ringsum mit zwei Nähten absteppen, Anfang und Ende der Fäden nach innen ziehen und verknoten.

Innenfach

Den Zuschnitt längs rechts auf rechts zur Hälfte falten (auf 8 x 30 cm) und ringsum bis auf eine Wendeöffnung von 4 cm zusammennähen. Die Ecken zurückschneiden und auf rechts wenden. Die Oberkante absteppen und das Fach an den anderen 3 Seiten mittig auf das Futter mit 11 cm Abstand zur Unterkante aufsteppen.

Außentasche und Futter

Die Seitennähte der Teile aus Stoff A schließen, im Futter jedoch eine Wendeöffnung von 8 cm aussparen. In Außentasche und Futter die Bodenecken 8 cm breit abnähen.

Die kurzen Kante des oberen Teils aus Stoff B rechts auf rechts zusammennähen, die Nahtzugaben auseinanderbügeln und ringsum links auf links zur Hälfte falten. Vorne und hinten jeweils mittig ein Gurtband anbringen, der Abstand zwischen den Enden beträgt 11 cm. Die Bandenden kantenbündig im Bereich der Nahtzugaben annähen.

Fertigstellen

Den oberen Teil mit Gurtband an die Oberkante der Außentasche stecken. Die Seite mit Klettverschluss liegt dabei auf der rechten Stoffseite der Außentasche. Das Futter rechts auf rechts bündig an die Oberkante stecken. Dadurch wird der obere Teil wie auch das Gurtband zwischen Außentasche und Futter zwischengefasst. Alle Teile ringsum an der Oberkante zusammennähen und die Tasche auf rechts wenden. Die Nahtzugaben der Kante ringsum nach unten streichen und von rechts absteppen. Die Wendeöffnung schließen.

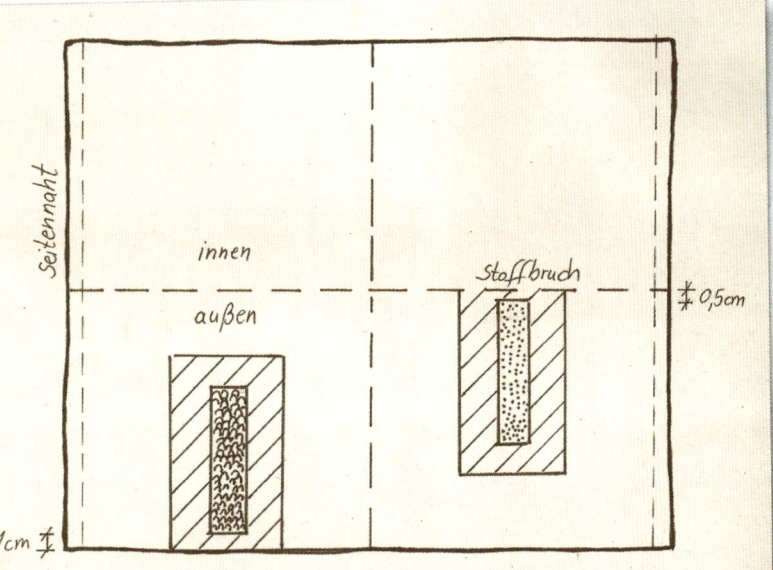

CORDTASCHE

Größe: 25 x 33/22 x 4 cm (BxHxT) · Aufwand *

MATERIAL

- A: 35 x 90 cm Cordstoff
- B: 30 x 110 cm Baumwollstoff, grün
- C: 10 x 110 cm Baumwollstoff, schwarz
- D: 35 x 90 cm dickes, aufbügelbares Volumenvlies
- 2 cm Klettband, 2 cm breit
- 160 cm Gurtband, 18 mm breit, schwarz
- 30 cm Gummiband, 1 cm breit, schwarz (Schlüsselband)
- 1 kleiner Karabinerhaken (Schlüsselband)
- 1 Metallknopf, Ø 3 cm
- 1 kleiner Knopf, Ø 1 cm
- 1 Schnalle, 18 mm breit
- 2 Karabinerhaken, 18 mm breit (Gurtband)

ZUSCHNEIDEN

Maße inkl. 1 cm Nahtzugabe, Angaben in Länge x Breite.
A: 2-mal 35 x 27 cm (Außentasche)
   4-mal 6 x 4 cm (Schlaufen)
B: 1-mal 66 x 27 cm (Futter)
   1-mal 34 x 27 cm (Innenfach)
   1-mal 3 x 27 cm (Zierstreifen)
C: 1-mal 3 x 52 cm (Paspel Taschenöffnung)
   2-mal 3 x 66 cm (Zierstreifen)
   1-mal 3 x 27 cm (Zierstreifen)
D: 2-mal 35 x 27 cm (Außentasche)

VORBEREITEN

- Alle Teile aus Cordstoff mit Zickzackstich versäubern und das Vlies auf die Rückseite bügeln.
- Die Zierstreifen vorbereiten (siehe Gestaltung, Punkt 1), fertige Breite 1,5 cm.
- Die seitlichen Nahtzugaben der Schlaufenstreifen einschlagen und bügeln, fertige Breite 2 cm.
- Den Paspelstreifen der Länge nach links auf links zur Hälfte falten und bügeln.
- Das Gummiband für Schlaufe und Schlüsselband teilen, dafür die Knopfgröße berücksichtigen.

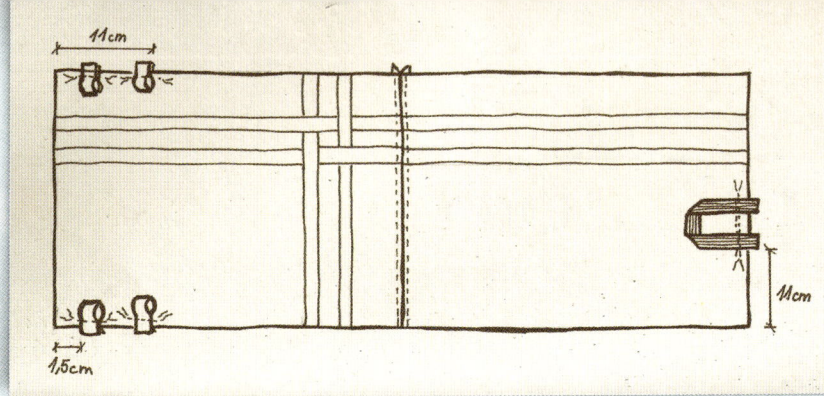

SO WIRD'S GEMACHT

Außentasche

Alle Nähte der Außentasche doppelt nähen. Die beiden Teile für die Außentasche rechts auf rechts an der Unterkante zusammennähen, die Nahtzugaben auseinanderbügeln und beidseitig der Naht absteppen. Die Zierstreifen laut Skizze auf dem Cordstoff feststecken und knappkantig aufsteppen.
Die Schlaufen knappkantig absteppen und zur Hälfte legen. Im Abstand von 1,5 cm und 11 cm von der oberen Taschenkante an einem Außentaschenteil beidseitig festnähen, dafür die Schnittkanten der Schlaufen und der Oberkante bündig ausrichten.
Die Seitenkanten rechts auf rechts zusammennähen. Für die Paspelkante den Streifen zu einem Ring schließen, dafür das Maß mit der oberen Taschenöffnung vergleichen und die kurzen Kanten rechts auf rechts zusammennähen. Die Paspel an der Taschenoberkante feststecken (Schnittkanten liegen bündig). Die Gummibandschlaufe im Abstand von 11 cm zur linken Taschenseite annähen (siehe Verschlüsse, Punkt 1), dabei die Schlaufenlänge dem Knopf anpassen.

Innenfach

Das Innenfach ist so breit wie die Tasche und wird in der Seitennaht des Futters eingefasst. Den Zuschnitt für das Innenfach aus Stoff B der Breite nach rechts auf rechts zur Hälfte legen, an der 27 cm langen Kante zusammennähen und wenden (fertiges Maß: 16 x 27 cm). Eine Kante (= Oberkante) des Taschenbeutelstreifens absteppen.
Das vorbereitete Innenfach an 3 Seiten (bis auf die Oberkante) auf dem Futterteil aus Stoff B 13 cm unterhalb der Oberkante aufnähen. Den Klettverschluss mittig an der Oberkante des Innenfaches sowie am Futterteil anbringen. Schlüsselband vorbereiten (siehe Inneneinrichtung, Punkt 3).
Das Futterteil aus Stoff B längs rechts auf rechts zur Hälfte legen und an beiden Seiten bis auf eine Wendeöffnung von 12 cm zusammennähen.

Fertigstellen

Futter und Außentasche zusammennähen und die Oberkante absteppen, wie für das Grundmodell auf Seite 62–66 beschrieben. Das Gurtband mit der Verstellschlaufe an die Karabinerhaken annähen, dabei die Enden 2 cm breit ein- und umschlagen. Die Wendeöffnung schließen. Die Karabinerhaken des Gurtbandes zunächst an den unteren Schlaufen anbringen und die Taschenoberkante herunterklappen. Die Position des Knopfes ermitteln und gleichzeitig mit dem kleinen Knopf im Tascheninneren annähen.
TIPP: Das Gurtband kann oben oder unten eingehakt werden.

BÜCHERTASCHE

Größe: 32 x 29/38 x 8 cm (BxHxT) · Aufwand *

MATERIAL

- A: 30 x 110 cm Baumwollstoff, Sternmotiv
- B: 70 x 140 cm Baumwollstoff, grau mit Streifen
- 2-mal 35 cm Gurtband, 3 cm breit, türkis
- 160 cm Kordel, Ø 6 mm
- 1 Stoffmalstift, schwarz
- Buchstabenschablone (alternativ: handgeschriebener Schriftzug)

ZUSCHNEIDEN

Maße inkl. 1 cm Nahtzugabe, Angaben in Länge x Breite.

A: 2-mal 30 x 40 cm (Oberkante, Kordeltunnel)
B: 2-mal 65 x 40 cm (Außentasche und Futter)
   12 x 18 cm (Kartenfach)

VORBEREITEN

- Schriftzug auf Stoff B aufbringen (siehe Gestaltung, Punkt 6, Foto 1 und Skizze).

SO WIRD'S GEMACHT

Innenfach

Das Kartenfach auf dem Futterteil mittig und mit 4 cm Abstand zur Oberkante aufsteppen (siehe Innengestaltung, Punkt 1).

Außentasche und Futter

Steppnähte entsprechend der Skizze aufnähen (siehe Skizze). Die Zuschnitte aus Stoff B für Außentasche und Futter jeweils rechts auf rechts zur Hälfte legen (auf 32,5 x 40 cm) und die 40 cm langen Kanten

(= Seiten) zusammennähen, jedoch beim Futterteil eine Wendeöffnung von 10 cm aussparen. Jeweils 8 cm breite Bodenecken abnähen, dabei die Steppnähte beachten, sie sollten genau in den Ecken liegen.

Kordeltunnel

Die Zuschnitte aus Stoff A rechts auf rechts aufeinanderlegen und an den Schmalseiten (Seitennaht) zusammennähen, dabei jeweils mittig 3 cm aussparen, um die Kordeln hineinziehen zu können.

Die Nahtzugaben auseinanderbügeln, den „Ring" auf rechts wenden und die Seitennähte beidseitig absteppen.
Den Streifen ringsum links auf links zur Hälfte falten und den Kordeltunnel ringsum mit einem Abstand von 2 cm an der Oberkante abnähen.

Fertigstellen

Je ein Gurtband an beiden Seiten der Außentasche annähen, dafür die Gurtbandenden mittig mit einem Abstand von 12 cm an der Oberkante fixieren (die Gurtbandenden ragen dabei 1 cm in die Tasche hinein). Die Außentasche auf links wenden. Den Kordeltunnel mit der offenen Kante rechts auf rechts bündig an die Oberkante stecken. Das Futter auf rechts wenden und in die Außentasche stecken, dadurch wird der Kordeltunnel zwischengefasst. Alle Teile an der Oberkante zusammennähen (siehe Foto 2). Tasche auf rechts wenden und die Wendeöffnung schließen.

Tipp: Die Tasche ist relativ dünn und lässt sich daher flach zusammenfalten. Wenn sie mit Vlies verstärkt oder aus einem festeren Stoff genäht wird, ist sie standfester.

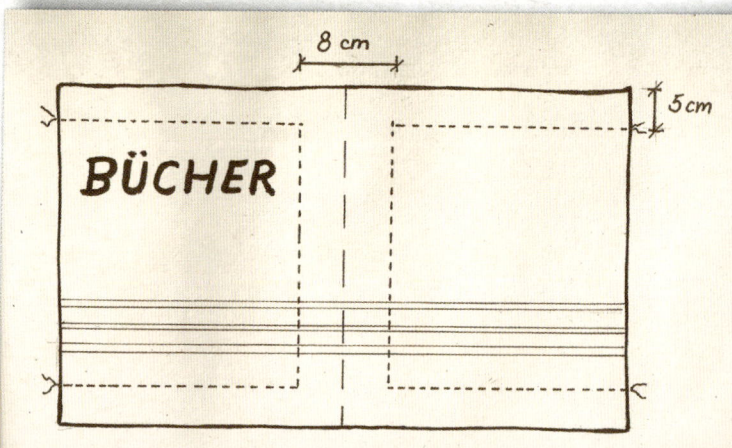

TRAGEVORRICHTUNGEN

1 HANDSCHLAUFE

2 HANDGRIFFE SCHULTERBÄNDER

Für eine Handschlaufe kann ein fertiges Gurtband verwendet oder aus passendem Stoff genäht werden. Eine Handschlaufe kann mit einem Karabinerhaken an einer eingenähten Schlaufe nach Belieben an- und abgehakt werden.

Gurtbänder gibt es aus verschiedenen Materialien (Synthetik, Baumwolle), in vielen Farben und unterschiedlichen Breiten im Handel zu kaufen. Die Schnittkante sollte durch Zickzackstich gesichert werden, Synthetikband-Enden lassen sich an einer Flamme verschmelzen (an der frischen Luft). Passende Schnallen und Schlaufen sind im Handel in

Metall oder aus Kunststoff in verschiedenen Farben zu bekommen. Auch ausrangierte Gürtel können als Gurtbänder dienen. Die Gurtbandlänge vor dem Zuschneiden der Körpergröße des Taschenträgers anpassen, bei großen Personen etwas mehr einkaufen!.

Gurtband herstellen

Gurtband lässt sich aus festem Stoff nähen oder mit Hilfe von Bundfix aus dünnen, aber strapazierfähigen Stoffen einfach selber herstellen. Dafür den Bundfix-Vliesstreifen auf einen entsprechenden Stoff rückseitig aufbügeln. Ohne eine solche Stabilisierung sollte das Band im Fadenlauf zugeschnitten werden, durch das Vlies spielt die Ausrichtung keine Rolle. Die Nahtzugaben des Bandes entlang der Ausstanzungen falten und beidseitig absteppen. Nach Belieben mit zusätzlichen Nähten in Kontrastfarben verzieren.

Bei verschiedenen Stoffen die Streifen rechts auf rechts zusammennähen, Vlies auf die Rückseite bügeln, die Nahtzugaben einschlagen oder einen Tunnel nähen und wenden (siehe Foto unten).

Tipp: Zum Wenden von schmalen Streifen am Gurtbandende eine Schnur annähen und mit einfassen ohne darüberzunähen. Der Stoff lässt sich dann wenden, indem an der Schnur gezogen wird. Streifen bügeln und mit einigen Nähten absteppen.

Gurtband anbringen

Der beste Abstand zwischen den Gurtbandteilen hängt von der Taschenform ab. Aber auch die Person, die sie tragen soll, spielt eine Rolle. Eine Faustregel ist, dass die Taschenbreite durch drei geteilt und an den mittleren Punkten das Trageband platziert wird.
Es gibt verschiedene Möglichkeiten, das Gurtband anzubringen. Bei manchen Modellen kann es an der fertigen Tasche aufgenäht werden. Mit einem Stoffstreifen, bei dem die Nahtzugabe eingeschlagen wird, das Ende des Bandes überdecken. In den meisten Fällen ist es möglich, das Band in einer Taschennaht mit einzufassen. Dafür das Ende des Bandes an der entsprechenden Position im Bereich der Nahtzugabe annähen. Das Gurtende etwas über die Stoffkante herausragen lassen, damit die Naht nicht ausfranst.

3. SCHULTERGURT, verstellbar

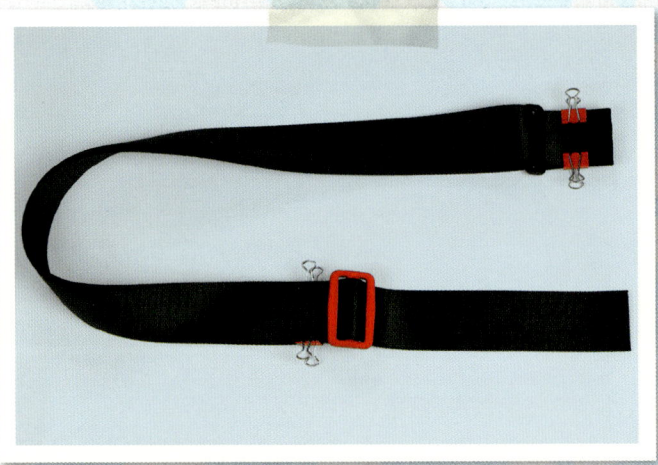

Bei Gurtbändern, die in der Länge verstellbar sind, kann die Tasche gerade oder diagonal getragen werden. Schultergurte werden im Bereich der Seitennaht angebracht. An einer Seite gibt es eine Schlaufe, passend zur Leiterschnalle, die auf ein kurzes Gurtbandstück gefädelt wird, welches umgeschlagen und seitlich angenäht wird. Der lange Teil des Gurtbandes wird gegenüber platziert. Die Gurtbandenden ragen jeweils 1 cm über die Schnittkante hinaus.
Auf welcher Seite die Schlaufe und der Verstellmechanismus angenäht wird, kann individuell entschieden werden. Das hängt davon ab, ob die Tasche auf der linken oder der rechten Seite getragen werden soll. Soll sie rechts getragen werden, wird das Schnallenteil (von vorne gesehen) auf der linken Seite angebracht (und umgekehrt).

Zum Schluss werden beide Enden verbunden, die Leiterschnalle wird auf das lange Gurtbandstück gezogen, durch die gegenüberliegende Schlaufe gesteckt und am Steg der Schnalle von unten angenäht. Dabei nach Möglichkeit das Gurtbandende umschlagen. Für das Nähen der drei Gurtbandlagen oder -schichten eventuell die Oberfadenspannung verstärken, dieses auf einem Probestück testen.

Es gibt auch spezielle Schnallen mit einer Riffelung, die mit einer Hand bedient werden können. Diese Schnallen haben einen Steg, der mit dem unteren Gurtbandstück eingefasst wird. Das obere Gurtbandstück zieht man nur durch die Schnalle, an das Ende kann dann eine Schlaufe in Handgröße genäht werden.

④ RUCKSACKTRÄGER

Das Anbringen der Rucksackträger mit einfachen Leiterschnallen funktioniert wie beim verstellbaren Schultergurt, jedoch in zweifacher Ausfertigung.

VERSCHLÜSSE

1 KNOPF SCHLAUFE

Ein Kopf und mit passender Schlaufe sieht als Verschluss sehr dekorativ aus.

Schlaufe nähen

Die Schlaufe für diese Verschlussvariante kann aus verschiedenen Materialien hergestellt werden, z.B. aus einem Ripsbandstück, einem ggf. zur Hälfte gefalteten und abgenähten Gummiband, einem festen genähten Stoffstreifen (dafür einen Stoff wählen, der beansprucht werden kann) oder einem Lederband. Ein Stoff oder Gummiband kann nach Belieben mit elastischen Nähten in Kontrastfarben verziert werden. Eine Schlaufe, die zur Knopfgröße passt, am Außenstoff mit einigen Nähten fixieren, damit sie nicht verrutscht. Den Knopf zu Probe durchstecken, um auszuprobieren, ob die Schlaufenlänge passt. Die offenen Kanten des Bandes zeigen nach innen und ragen etwa 1 cm über die Stoffkante. Beim Zusammennähen von Außen- und Innentasche wird es zwischen den Stofflagen mit eingefasst.

Knopf annähen

Nach dem Wenden der Tasche lässt sich die richtige Position für den Knopf festlegen, am besten zur Probe etwas hineinstecken, z.B. eine Mappe. Zum Annähen festes Handnähgarn, z.B. Zwirn, verwenden. Als Gegenstück gleichzeitig einen kleinen Knopf innen mit annähen. Bei flachen Knöpfen ein Streichholz zwischen Knopf und Stoff stecken, damit ein Abstand entsteht. Diesen mit dem Annähfaden zum Schluss umwickeln.

② MAGNETDRUCKKNOPF

Der Bereich des Schnittteils, in dem der Magnetdruckknopf später angebracht wird, sollte von innen mit einem Stück festem Vlies verstärkt werden, damit der Stoff nicht ausreißt. Wenn möglich, ein etwa 5 x 5 cm großes Verstärkungsvlies aufbügeln, bei nichtbügelbarem Material einen festen Stoff unter die Metallscheibe stecken.
Um die beste Position für das Magnetdruckknopf-Gegenstück zu finden, sollte die Außentasche fertig genäht sein. Wenn sich ein Teil des Magnetdruckknopfes am Deckel befindet, ist es sinnvoll, die Tasche zur Probe zu bepacken, z.B. einen Ordner oder Computer hineinstecken.

Zum Anbringen des Magnetdruckknopfes dient die Scheibe als Schablone. Die nötigen Schnittlinien mit einem feinen Stift markieren und mit einem Nahttrenner oder einer spitzen Schere knapp einschneiden. Bevor der Druckknopf in den Stoff gesteckt wird, die Enden der Schnittlinien mit einem kleinen Tropfen Textilkleber versehen. Die Flügel nach außen, bei feinen Stoffen jedoch nach innen umschlagen.

3 KLETTVERSCHLUSS

Klettbandstreifen rechtwinklig abschneiden. Ist der Untergrundstoff nicht stabil genug, den Bereich, in dem das Klettband aufgenäht werden soll, großzügig auf der Stoffrückseite mit einem Vliesstück verstärken. Die genaue Position für das Gegenstück bei gefüllter Tasche suchen und beide Streifen ringsum knappkantig, jedoch nicht zu nah an der Kante, aufsteppen.

4 KORDELDURCHZUG KORDELENDE

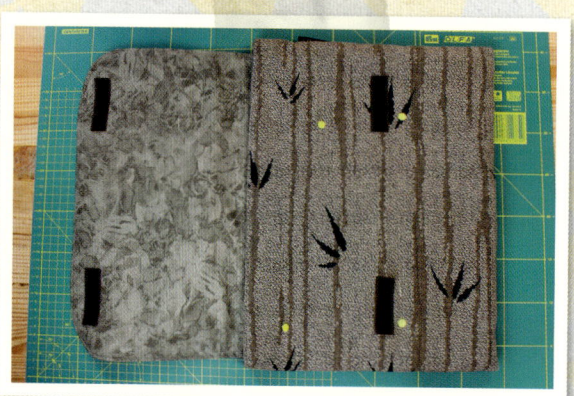

Hat die Tasche keinen Deckel, kann die Oberkante auch „zugezogen" werden, um sie zu verschließen:

Eine Kordel eignet sich besonders für dünne Taschen, die auch klein zusammenzupacken sein sollen. Der Tunnel muss bei der Taschenkonstruktion passend zur Kordeldicke mit eingeplant werden. Es gibt verschiedene Hilfsmittel, um eine Kordel durchzuziehen, z. B. eine Sicherheitsnadel, eine dicke Sticknadel oder eine Hilfsschnur, die an das Ende der eigentlichen Schnur angebunden oder -genäht wird. Das Ende der Kordel kann mit einem Stopper, einem Knoten oder einem genähten Abschluss gesichert werden. Die Breite eines Tunnels sollte zur Kordeldicke passen, auf einem Probestück kann man eine „Zug- und Raffprobe" machen.

Kordel herstellen

Ist die Kordel in der geeigneten oder gewünschten Stärke nicht verfügbar, kann sie auch selber gedreht oder geflochten werden. Auch durch Häkeln einer Luft- und einer Kettmaschenreihe erhält man eine dekorative, stabile Schnur. Die Kordel kann durch Schlaufen aus Stoff oder Gurtbandstücken oder in einen Tunnel gezogen werden z. B. beim Beuteltäschchen-Modell D0.

Kordelende nähen

Als Kordelende dient ein Knoten oder eine dicke, aufgezogene Kugel. Aus einem Rechteck kann auch ein dekoratives Endstück wie folgt genäht werden (siehe Fotos 1–4):

5 REISSVERSCHLUSS

Für jedes Kordelende 1 Stoffstück von z. B. je 10 x 7 cm (inkl. 1 cm Nahtzugabe), zuschneiden. Das Kordelende knoten und mittig an der langen Seite des Stoffstücks im Bereich der Nahtzugabe fixieren (im Nahtzugabenbereich annähen), der Knoten ragt dabei über die offene Kante. Das Stoffstück rechts auf rechts längs zur Hälfte falten und an den drei Seiten ohne Kordel zusammennähen. Die Nähte auseinander streichen und die kleinen Ecken mit 2 cm Kantenlänge abnähen. Den so entstandenen „Mini-Beutel" auf rechts wenden, die Nahtzugabe an der offenen Kante einschlagen und mit 2–3 mm langen Stichen in Abstand von 1 cm zur offenen Kante einmal herumnähen. Anschließend den Beutel mit Füllwatte oder Vliesresten füllen, die Garnenden verknoten und den kleinen „Beutel" damit zuziehen. Das Kordelende verschwindet automatisch im Innern. Den Faden vernähen und dabei die Öffnung noch etwas zusammennähen.

Ein einfacher Trick, um einen Reißverschluss seitlich im Futter mit einzufassen ist, ihn mit einem Stoffstück zu verlängern, wie in Anleitung E0 und C4 in verschiedenen Größen beschrieben. Durch den an den Enden angenähte Stoff gibt es keine Schwierigkeiten mit den Reißverschlusszähnchen in der Seitennaht. Insgesamt 4 Streifen in Reißverschlussbreite oben und unten am Reißverschlussende annähen, umschlagen und absteppen. Der Reißverschluss sollte damit an jeder Seite um 2–4 cm verlängert werden. Die innen überstehenden Reißverschlussstücke abschneiden. Der entstandene Reißverschlussstreifen kann somit in der Futtertasche mit eingenäht werden, das heißt oben und unten wird hierfür an jeder Reißverschlussseite der Futterstreifen angenäht.

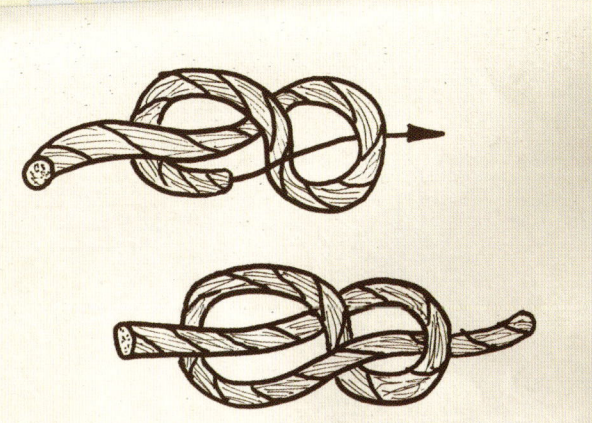

INNENEINRICHTUNG

Wer eine Tasche nähen möchte, sollte sich überlegen, was alles in der neuen Tasche verstaut werden soll. Ein Blick auf das Schnittteil des Futters der geplanten Tasche zeigt, wo Fächer möglich sind.

1 INNENFACH, aufgesetzt

Ein aufgesetztes Innenfach besteht aus einer oder zwei Stofflagen, die ringsum aufgesteppt werden.

Innenfach vorbereiten

Ist der Stoff fest, braucht er nur ringsum versäubert und an der Oberkante gesäumt zu werden. Die Nahtzugaben zuerst an den Ecken als Dreieck und dann die Seiten umschlagen. Bei dünnerem Stoff für die gewünschte Innenfachgröße den Stoff doppelt zzgl. Nahtzugabe zuschneiden. Das Teil rechts auf rechts bis auf eine 3 cm große Wendeöffnung zusammennähen, die Nahtzugaben an den Ecken schräg zurückschneiden und das Teil auf rechts wenden. Die Oberkante nach Belieben absteppen.

Innenfach aufsteppen

Mit mind. 2 cm Abstand zu den Taschenkanten das vorbereitete Teil an drei Seiten (Unterkante und beide Seiten) knappkantig aufnähen.

Verschluss

An der Oberkante kann mittig ein Klettbandstück aufgenäht werden. Auch ein Knopf und eine Schlaufe, die aufgenäht bzw. an einer Kante mit ein-

gefasst werden (z.B. bei Modell C4), eignen sich als Verschluss. Bei vielen Taschen ist es auch möglich, seitlich im Futter einen Stoffstreifen mit einzufassen, der dann als Innenfach in gesamter Breite dient (siehe E2, Seite 72). In diesem Fall nur die sichtbaren Kanten (oben, evtl. unten) säumen.

② INNENFACH, Reißverschluss

Im Futterteil, das bei dünnem Stoff durch ein Vlies verstärkt wird, lässt sich ein Reißverschlussinnenfach einnähen. Als Material benötigt man 1 Reißverschluss und 2 Stoffteile, die 4 cm breiter sind als die Reißverschlusslänge. Die Höhe individuell bestimmen.

Markierungen anzeichnen

Die Markierung für das Reißverschlussfach in der Länge des Reißverschlusses, siehe z.B. Vorlage C-c (16 cm Reißverschluss), auf der Futterrückseite anzeichnen. Außerdem die Anstoßlinie für das Stoffteil, mit 2 cm Abstand über der oberen Markierungslinie, auf der Stoffvorderseite anzeichnen.

Öffnung für das Innenfach nähen

Eines der beiden Stoffteile bzw. den schmaleren Besatzstreifen rechts auf rechts auf der Vorderseite des Futterstücks feststecken, sodass die Oberkante an der Anstoßlinie liegt. Auf der äußeren Linie der Markierung ringsum nähen, Nahtende verriegeln. Mit einer kleinen spitzen Schere die innere Linie und die Y-Enden bis kurz vor die Naht einschneiden. Das aufgesetzte Stoffstück durch den Schlitz ziehen, die Kanten ausstreichen oder bügeln.

Reißverschluss annähen

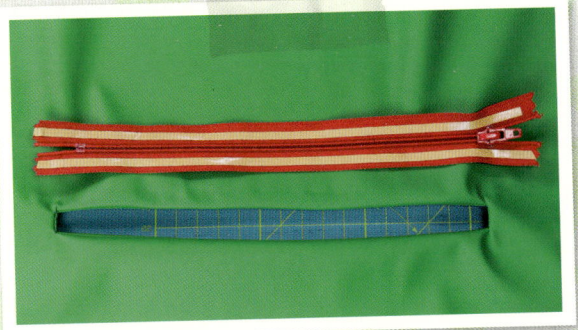

Den Reißverschluss hinter der entstandenen Öffnung feststecken oder mit Hilfe von Klebebandstreifen fixieren. Ringsum mit dem Reißverschlussfüßchen festnähen.

Innenfachrückseite annähen

Das zweite Stoffstück bündig rechts auf rechts auf das erste stecken, den Stoff glatt streichen und ringsum auf dem Futter feststeppen.

3 SCHLÜSSELBAND

Für ein Schlüsselband ein Gummiband in der gewünschten Länge zuschneiden und mit einem elastischen Zierstich in einer Kontrastfarbe verzieren. Ein Ende in einer Futternaht mit einfassen. An das andere Ende einen zur Gummibandbreite passenden Karabiner annähen, dafür die das Bandende ca. 1 cm ein- und 1,5 cm umschlagen, damit es nicht ausfranst.

GESTALTUNG

Durch die persönliche Auswahl der Stoffe ist jede selbstgenähte Tasche ein Unikat. Darüber hinaus gibt es noch viele beliebig kombinierbare Gestaltungsmöglichkeiten.

1 STEPPNÄHTE

Stoffe lassen sich sehr gut mit Nähten in Kontrastfarben verschönern. Diese geben der Tasche eine sehr persönliche Note. Den Stoff mit Vlies verstärken (entweder auf die linke Stoffseite bügeln oder feststecken), bei Volumenvlies wirkt das Muster plastischer. Glänzende Garne eignen sich für feine Stoffe, dickere Garne ergeben deutlichere Linien. Als Farben eigenen sich die verwendeten der jeweiligen Tasche. Bei gemusterten Stoffen kann das Motiv nachgenäht oder auf dem Nachbarstoff wiederholt werden. Unifarbene Stoffe bekommen durch Steppnähte ein selbstdesigntes Muster. Gerade oder geschwungene Linien oder auch grafische Formen mit einer Falzrolle markieren bzw. mit Schneiderkreide anzeichnen.

Für Parallelnähte mit größerem Abstand kann eine Führungsstange, die es bei vielen Maschinen als Zubehör gibt, montiert werden. Ein Kantennähfuß erleichtert das Nähen an Stoffkanten.

2 ZIERSTREIFEN VORBEREITEN

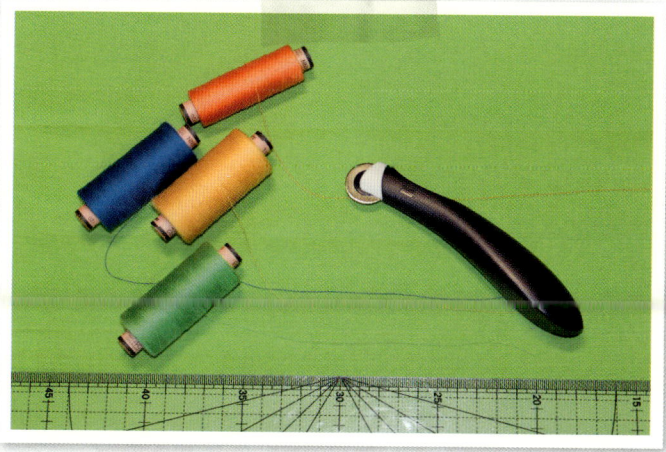

Tipp: Beim Nähen von Linien in gleicher Richtung immer an der gleichen Seite beginnen, da sich das Vlies ein bisschen in Nährichtung verschiebt.

Zierstreifen oder -bänder sind im Handel in vielen Mustern und Farben zu haben. Schrägbandstreifen, die sich in Kurven aufnähen lassen, ab einer Breite von 4 mm, auch solche zum Aufbügeln, gibt es ebenso fertig zu kaufen, sie lassen sich aber auch selber herstellen.

Herstellen von Zierbändern

Streifen schneiden: Sollen die Bänder nicht in Kurven aufgesteppt werden, kann der Streifen im Fadenlauf zugeschnitten werden, Reststreifen lassen

sich gut verarbeiten. Sollen aus Zierstreifen Kurven gelegt werden, empfiehlt es sich, die Streifen im diagonalen Fadenlauf zuzuschneiden.

Nahtzugaben nach links bügeln: Ein Ende des Streifens schräg abschneiden und die Nahtzugabe an beiden Seiten einschlagen. Jetzt einen Schrägbandformer zur Hilfe nehmen oder eine Nadel mit dem richtigen Abstand auf die Bügelunterlage stecken. Das Band, mit den offenen Kanten nach oben, Stück für Stück durchziehen und bügeln.

werden. Die Streifen in passender Garnfarbe beidseitig knappkantig aufsteppen. Ein Kantennähfüßchen erleichtert das genaue Nähen.

4 APPLIKATIONEN, aufgesteppt

3 ZIERBÄNDER AUFSTEPPEN

Zum Fixieren kann mittig auf der Rückseite des Zierstreifens ein spezielles Klebeband angebracht

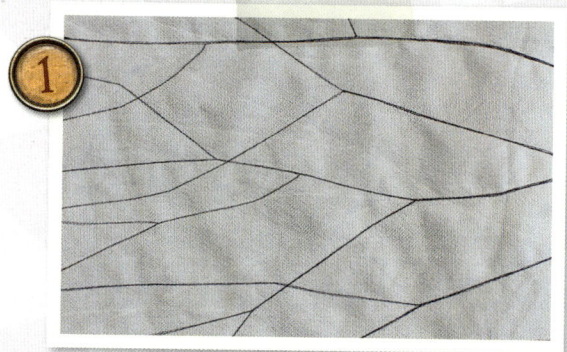

Ziernähte

Applikation platziert und aufgebügelt

Rückseite mit verknoteten Garnenden der Steppnähte

Für eine Applikation können verschiedene Stoffarten verwendet werden. Gut eignen sich solche, die eine feste Schnittkante haben, z.B. Strickstoffe (Blätter von Tasche C0) oder beschichtete Materialien (Fische vom Seesack D3). Wenn möglich, auf die Rückseite ein beidseitig haftendes Vlies aufbügeln. Alternativ können beidseitig haftende Textil-Klebestreifen aufgebracht werden. Das ausgeschnittenen Motiv aufbügeln oder -kleben und ringsum aufnähen. Die Fadenenden etwas länger lassen, nach innen ziehen und verknoten (siehe Foto 3).

Soll das Motiv mit einem Zickzackstich aufgenäht werden, zunächst an einem Probestück üben. Für den Ober- und den Unterfaden sollte stets das gleiche Garn verwendet werden. Die Fadenspannung genau einstellen, dafür ein Probestück des gleichen Stoffes mit ggf. identischem Vlies nehmen. Geübt werden sollte besonders das Nähen in der Kurve und in Ecken. Kurven sollten sehr langsam und mit gleichmäßigem Drehen des Werkstückes genäht werden. Die Nadel beim Drehen des Stoffes beim äußeren Einstich stecken lassen, damit nichts verrutscht.

Tipp: Die Einstellung der Fadenspannung, Stichlänge und -breite auf einem Zettel notieren. Beim Ausschalten der Nähmaschine geht somit nichts verloren, und auch beim nächsten Applizieren können die Werte hilfreich sein.

Mit etwas Übung und Geduld gelingt so eine gleichmäßige Naht. Ist der Zickzackstreifen nicht dicht genug und schimmert der Stoff durch, kann auch ein weiteres Mal, evtl. mit größerer Stichlänge über die Naht genäht werden. Dies sollte dann mit allen anderen Nähten des Motivs auch gemacht werden (Stichlängen notieren).

Nähen in Ecken: Die Naht, die in die Ecke läuft bis zu Ende nähen, dann die Nadel im Eckpunkt stecken lassen und das Werkstück drehen. Der Eckbereich wird also doppelt genäht.

5 ZIERELEMENTE

Zusätzliche Elemente können aufgesteppt oder als Brosche angesteckt eine Tasche verzieren.

Knöpfe

Knöpfe geben einen Farbpunkt, Ungleichmäßigkeiten oder Flecken sind damit überdeckt.

Yo-Yos

Aus Kreisen lassen sich dreidimensionale, blumenartige Yo-Yos herstellen. Im Handel gibt es dafür Schablonen, mit denen sich sehr gleichmäßige Yo-Yos nähen lassen. Es ist aber auch möglich, sie ohne besonderes Hilfsmittel anzufertigen. Sie lassen sich mit der glatten oder der gefalteten Seiten nach oben beliebig aufnähen. Dafür zunächst Kreise mit etwa doppeltem Durchmesser der geplanten fertigen Größe plus 1,5 cm zuschneiden. Im Abstand von 0,75 cm zur Außenkante die Nählinie markieren. Auf der Linie mit einer Nadel und doppeltem Faden ringsum in gleichmäßigen Stichen nähen. Ist der Kreis geschlossen, noch einen weiteren Stich nähen und die Fadenenden lang hängen lassen, dann die Naht raffen. Bevor sich die Öffnung schließt, die Nahtzugaben nach innen stülpen, die Kräusel gleichmäßig verteilen und die Öffnung komplett zuziehen. Die Fäden verknoten und vernähen.

Anstecker

Zur Tasche passende Broschen lassen sich nachträglich anbringen. Dafür mehrere Stoffschichten in gewünschter Form ausschneiden. Dünnere Stoffe sollten mit einem Vliesrest (dieses etwas kleiner zuschneiden) verstärkt werden, dickere, wie Köper oder Jeans, können ohne Verstärkung verwendet werden. Die Stofflagen zusammenstecken und ringsum zusammennähen (siehe C2, Seite 38). Auf die Rückseite eine Broschennadel annähen.

6 VERZIERUNGEN MIT STOFFMALFARBE

7 PASPELSTREIFEN

Stoffe aus Baumwolle oder mit einem hohen Baumwollanteil lassen sich mit Farbe selbst gestalten. Stoffmalstifte brauchen kein Zubehör, Motive oder Buchstaben lassen sich leicht aufbringen, evtl. eine Schablone verwenden. Bemalung gemäß Herstellerangaben fixieren (z.B. durch Bügeln) und vor der weiteren Verarbeitung einige Stunden ruhen lassen!

Paspelstreifen gibt es fertig zu kaufen. Mit ihnen können farbige Streifen eingenäht werden, die auch als Verstärkung dienen. Paspeln lassen sich selbst herstellen, die Farbauswahl ist damit größer und auch der in der Tasche verwendete Stoff kann verwendet werden.

Einfacher Paspelstreifen

Sollen Paspelstreifen an einer geraden Kante verwendet werden, können die Stoffstreifen in Fadenrichtung, längs oder quer zum Fadenlauf, zugeschnitten werden. Für Kurven ist ein Schrägband erforderlich (dafür den Stoff im diagonalen Fadenlauf zuschneiden). Den Stoffstreifen links auf links längs zur Hälfte falten, kantenbündig anlegen (er ist einige Millimeter breiter als die Nahtzugabe). Den Streifen innerhalb dieser Nahtzugabe aufsteppen. Beim Zusammennähen der Teile neben dieser Fixiernaht nähen, sodass die erste Naht im Inneren des Arbeitsstückes verschwindet.

Paspelmonde

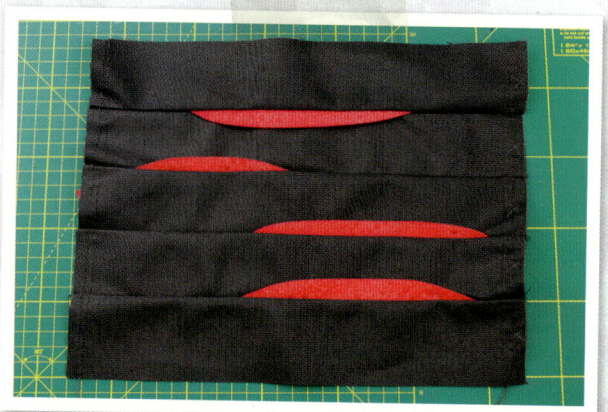

Farbige Paspeln können auch zur Gestaltung verwendet werden (siehe C3, Seite 39). Dafür die Steifen etwas breiter und quer oder diagonal zum Fadenlauf zuschneiden. Den Streifen in einem Bogen anlegen und an der gewünschten Stelle wie den einfachen Paspelstreifen im Nahtzugabenbereich annähen. Das Ende des Streifens muss an der Schnittkante des Stoffstücks enden.

Paspel mit Kordel

Soll die Kante noch stärker hervorgehoben oder stabilisiert werden, kann eine Kordel in den Paspelstreifen mit eingefasst werden. Dafür den Streifen etwas breiter zuschneiden, z. B. in 3,5 cm Breite für eine 4 mm dicke Kordel. Den Streifen links auf links längs zur Hälfte falten, die Kordel dazwischenlegen und vor dem Annähen am Stoffstück am besten mit einem Reißverschlussfuß knapp zusammennähen. Nun die Paspel festnähen, wie oben beschrieben.